Die Hölle von Bossenborn

Anais C. Miller

Eine Autopanne, irgendwo auf der Autobahn, soweit nichts Ungewöhnliches, sondern alltäglich. Im Auto verweilen ein Pärchen und eine Schwerverletzte, während sie auf den Abschleppdienst warten. Nebenbei und eher nebensächlich wird der Notarzt verständigt.

Die Geschichte entstand nach einer Idee von Anais C. Miller, in Anlehnung an grausame Vorfälle, die sich tatsächlich ereigneten. Die ganze Wahrheit wird allerdings nie ans Tageslicht kommen, da die Opfer für immer schweigen. Als ich von den tragischen Erlebnissen einer 41-jährigen Frau erfuhr, die im Internet ein Ehepaar kennenlernte und sich, auf der Suche nach Liebe und Anerkennung, auf den Weg zu ihnen machte, entschied ich mich, die Geschichte des Opfers niederzuschreiben. Sie ließ mich nicht mehr los. Mich beschäftigten, nachdem ich all die furchtbaren Zeitungsartikel über den grausamen Fall gelesen hatte, viele offene Fragen. Das Grauen geschah ganz in meiner Nähe. Auch ich bin, wie die Hauptfigur meiner Geschichte, 41 Jahre alt, und das Grauen nahm in meinem Kopfkino seinen Lauf. Meine Gedanken zu diesem Vorfall möchte ich, in Anlehnung an Indizien, welche ich ausschließlich über die Medien erfuhr und niederschrieb, mit Euch teilen. Ich erzähle die Geschichte aus Sicht des Opfers. Vielleicht hat sie sich tatsächlich so zugetragen. In dem Horrorhaus irgendwo im Nirgendwo. Ich möchte ausdrücklich darauf hinweisen, dass sämtliche Personen dieser Handlung frei erfunden sind. Ihre Charaktere, ihre Eigenheiten und ihre Vorgehensweisen. Ebenso der Inhalt, die Tathergänge und die Beschreibungen von Missbrauch, sexueller Gewalt und emotionaler Ausbeutung. Diese Geschichte wird in Anlehnung öffentlich zugänglicher Beweismittel und frei verfügbarer Informationen aus aktuellen Medienberichten (Zeitung, TV, Internet) erzählt. Sie handelt fiktiv von dem Fall eines Folterpaares, das es tatsächlich gegeben hat. Sämtliche beschriebene Abläufe der Folterhandlungen in diesem Buch sind von der Autorin frei erfunden. Ähnlichkeiten und Übereinstimmungen sind Zufall und nicht bewusst oder beabsichtigt herbeigeführt worden. Zartbesaitete Leser möchte ich dringend bitten von diesem Buch Abstand zu nehmen, denn auf den folgenden Seiten beschreibe ich sehr ausführlich die Handlungsweisen sadistisch veranlagter Menschen. Das Buch handelt von Gewalt, Vergewaltigung, Folter und Missbrauch! Ebenso beinhaltet das Buch pornografische Erzählungen. Ich lasse all meinen fiktiven, fantastischen Vorstellungsmöglichkeiten freien Lauf. Man soll es nicht für möglich halten, dass Menschen so grausam sein können. Doch es gibt sie. Menschen, die andere Menschen regelrecht abschlachten, hinrichten und ausweiden! Dieses Buch gewährt einen Einblick in die düsteren Abgründe psychisch kranker Menschen. Für den interessierten Leser versuche ich sie hautnah und düster darzustellen. Das Buch ist pervers und dreckig geschrieben, teilweise sogar abartig! Jedoch ist es genauso widerlich, wie diese Menschen es sind, die uns täglich begegnen, von denen wir allerdings niemals glauben würden, dass sich hinter ihrer Fassade wahrhaftige Bestien verstecken. Die Darstellung von Menschen, die andere Menschen emotional und körperlich zugrunde richten, sie foltern und misshandeln, erscheint an einigen Stellen im Buch besonders pervers und ekelerregend. Ich weiß jedoch, dass es diese Menschen gibt. Nicht nur ich weiß das, wir alle wissen es! Draußen an der nächsten Straßenecke lauern sie. Sie sehen aus wie du und ich. Der nette Nachbar von nebenan. Der Lehrer, Finanzbeamte, die Hausfrau, die Ärztin. Von außen sind sie nur schlecht zu erkennen. In den Tiefen ihrer Seelen sind sie Bestien, wilde Tiere und Kreaturen, die nur darauf warten, das Böse in sich endlich ausleben zu dürfen! Warum sie das tun? Weil sie selbst einmal Opfer waren. Weil sie hingerichtet wurden, seelisch misshandelt, missbraucht und vernachlässigt. Kranke Seelen, die Leid und Elend gesehen haben, und bei denen irgendwann die Sicherung durchknallt, weil sie all das Böse nicht mehr ertragen können. Es nimmt Überhand in ihrem Inneren und sucht sich den Weg in die Freiheit. Anderen Menschen Verletzungen zuzufügen befreit sie vom eigenen Schmerz. In jedem menschlichen Wesen wohnt ein Sadist. Das behaupte nicht ich, es ist erwiesen. In den meisten von uns schläft er Gott sei Dank, in anderen erwacht er wiederum. Erweckt durch ein Trauma. Ein Erlebnis. Eine Prägung. Eine Besinnung.

Bete, dass du ihnen niemals in die Hände fällst…

Kapitel 1

Das Ende

„Wir müssen sie zurückbringen! Die verreckt uns ja! Komm, pack mit an, wir schaffen sie in den Kombi und fahren sie zu ihrer Wohnung!“ „Und wenn sie bis dahin nicht mehr durchhält?“, frug Mechthild mit zittriger Stimme. Wie durch Watte vernahm ich die Worte meiner Peiniger. Wolfgang trug wie immer diesen grässlichen, ausgeleierten Trainingsanzug. Bei jeder zweiten Bewegung musste er sich die Hose zurechtrücken, damit sie ihm nicht von seinem fetten Hintern rutschte. Seine schmierigen, dreckigen Hände rieb er sich an den Hosenbeinen wieder sauber. Wie oft hatten mich diese Hände geschlagen und geprügelt. Nachdem er mich die Treppe hochgetragen hatte, weil ich es aus eigener Kraft nicht mehr schaffte die Stufen hinaufzusteigen, waren seine Hände vom Staub und Dreck meines dunklen Verlieses gezeichnet. „Da, sieh her wie ich aussehe! Wegen dir bin ich jetzt ganz dreckig!“, jammerte Wolfgang, als er mich lieblos auf die Couch im Wohnzimmer fallenließ. Plötzlich trat er leicht in meine Flanke. „Gib jetzt bloß nicht den Löffel ab du dreckige Nutte!“, schimpfte er ungehalten. „Hörst du!“ Er setzte noch einmal mit seinem Fuß nach und traf empfindlich die Weichteile meines Unterleibes. Ängstlich blickte ich mich im Zimmer um. Gab es denn keine Hilfe oder Rettung für mich? Die Nachbarn mussten doch in den letzten Monaten etwas bemerkt haben. Das Grauen in diesem Haus, in dem menschliche Bestien hausten, konnte doch nicht spurlos im Winde verwehen. Warum hatte sich niemand von den anderen Frauen ein Herz gefasst, zur Polizei zu gehen und eine Anzeige zu

erstatten? Die Rollläden der Fenster waren geschlossen. Niemand, der entlang der Straße wanderte, konnte von draußen hineinsehen. Hineinsehen in diese Hölle, in der ich bereits einige Monate verbracht hatte. Die Menschen, die in den umliegenden Häusern wohnten, mussten mich gesehen haben. Hatte denn niemand von ihnen meine stummen Hilfeschreie erkannt und wahrgenommen? Die Pein und Not in meinen Augen gesehen? Was denken Menschen, wenn ein Pärchen in ihrer Nachbarschaft plötzlich über mehrere Monate hinweg mit immer wieder wechselnden Frauen in ihrem Haus ein- und ausgeht? Wenn diese Frauen plötzlich auf Nimmerwiedersehen verschwinden? Warum half mir von ihnen niemand?
„Hier, das hat sie vergessen!“ Mechthild warf Wolfgang etwas zu. Schnaufend war sie die Kellerstufen hinter Wolfgang hinaufgestiegen und positionierte sich ebenfalls im Wohnzimmer, mit verschränkten Armen vor der Couch, auf der ich lag. In der einen Hand hielt sie meine schwarze Reisetasche, mit der ich vor drei Monaten mit meinem wenigen Hab und Gut bei ihnen angereist war und in der anderen hielt sie mein Tagebuch. Aus dem Augenwinkel heraus erkannte ich mein kleines geblümtes Büchlein, das Wolfgang mit einem gekonnten Handgriff auffing. Erschöpft streckte ich die Hand aus, um es zu greifen. In dem Buch ruhten grausam beschriebene Erinnerungen an die letzten Tage. Tage, an denen ich gefoltert und misshandelt worden war. Tage, die von einem Wahnsinn bei perversen und psychisch kranken Menschen erzählten. Wenn sich die Tür zum Keller, meinem Verließ, verriegelte, blieb mir nichts anderes als mein Tagebuch. Nichts war mir in den vergangenen Tagen wichtiger als eben dieses Buch. Es war für mich zu meinem besten Freund geworden, einem

Freund in dunklen Lebensstunden. Ein Blumenbuch mit unzähligen Seiten leeren Papieres. Inhaltlos, bevor *ich* es in die Hand nahm. Mein Blick an die Wände des Kellers gerichtet, bevor ich die erste Seite beschrieb. Ich erinnerte mich, in ihnen steckten Fingernägel, Frauenfingernägel. Festgekrallt, abgerissen, in schwarzen Betonwänden. Meine Vorgängerinnen hatten versucht, sich aus dem Verlies zu befreien, denn jene Wand führte zu einem Fenster. Der Weg in die Freiheit, eine kleine Öffnung, nur ein Luftschacht, aber groß genug, um einen ausgemergelten menschlichen Frauenkörper hindurchzuzwängen. Ohne Leiter jedoch nicht zu erreichen. Zwecklos! Diese traurigen Umstände schrieb ich in die ersten Seiten meines Tagebuchs. Für mich bedeutete es einen fiktiven Weg in die Freiheit meines Denkens. Ich schrieb mir alles von der Seele. Wenn von mir auch nichts mehr übrig bleibt, so gibt es dieses Buch. Ein Buch, vollgekritzelt mit sadistischen Erlebnissen, denn Papier ist geduldig. „Spinnst du? Das können wir ihr doch nicht mitgeben!“ Wolfgang schüttelte energisch den Kopf und schlug neugierig die ersten Seiten auf. „Dann sollte ich seinen Penis in den Mund nehmen, während er Mechthild küsste! Als ich auf Knien vor ihm hockte und vor Angst zitterte, dass er mich wieder schlagen würde, weil ich ihn nicht zum Orgasmus brachte, liebkoste er seine Frau. Während ich ihm als seine Sklavin einen blasen musste!“, las Wolfgang meine, im Tagebuch geschriebenen, Zeilen laut vor. Er tat dies mit bittersüßer Ironie und menschlicher Verachtung meiner Person. Er lachte bitter. „Jetzt bist du ja nicht mehr in der Lage, mir einen zu blasen, du dreckiges Stück Scheiße! Und überhaupt, „Sklave“!? Dich Sklave zu nennen, ist wohl die höchste Form der

Beleidigung meiner Person! Wir haben dich hier aufgenommen, du kleine dreckige Kanalratte, weil dich niemand mehr haben wollte! Wo wärst du denn geblieben, wenn wir dich nicht hergeholt hätten, hä? Wo denn? Antworte gefälligst, wenn ich mit dir rede!" Wolfgang wurde sehr laut. Alles in mir bebte vor Angst. Zu genau wusste ich, was mir bevorstand, wenn seine Tonlage diese drastischen, über der normalen Lautstärke liegenden Ausmaße annahm. Gleich würde er seinen Rohrstock hervorholen und mich mit ihm verprügeln. Einfach weil ihm danach war. Es hatte meist keine rechtfertigenden Gründe, er vollzog es aus reiner Gier und Lust. Er verspürte Wollust daran, den Stock über meine nackte Haut tanzen zu lassen. Erziehung nannte er das, wenn er mich schlug. Ja, ich war in der Tat hergekommen zu diesen furchtbaren Menschen, weil mich in diesem Leben scheinbar tatsächlich niemand mehr wollte. Mich niemand anzunehmen vermochte, als das, was ich war. Ein hilfloses, nicht durchsetzungsfähiges Weiblein mittleren Alters. Weil ich mich einsam und verlassen fühlte, war ich hergekommen. Hatte zuvor bewusst den Kontakt über Internetanzeigen zu einem Pärchen gesucht, das gegen eine Dreierbeziehung nichts einzuwenden hatte. Wenn es so etwas überhaupt gab, so glaubte ich, dass sich mir mit Wolfgang und Mechthild diese Möglichkeit tatsächlich eröffnete. Ich glaubte ebenfalls, in diesen Menschen liebevolle Freunde gefunden zu haben und mit ihnen einen Teil meines Lebens verbringen zu dürfen. In Spaß, Freude und Glück. Wie viele Jahre dümpelte ich, alleingelassen von Gott und der Welt, bereits durch mein Leben? Viel zu lange! Ein introvertierter, zurückhaltender Mensch war ich. Einer, der unter

Beziehungs- und Verlustängsten litt! Ich war kein Mensch, der offen auf Andere zuging und mit ihnen Freundschaften knüpfte. Ich war nicht die Sorte Frau, die bei Männern in die Offensive trat. Ich wollte erobert werden! Doch leider fand vom männlichen Geschlecht niemand so recht Gefallen daran, mich zu begehren. Ich war schon immer das stille und leise Mauerblümchen. Die Zurückhaltende, welche niemand bemerkte. Die mit der Brille. Die Unscheinbare, die niemand haben wollte. Unauffällig und uninteressant für die Männerwelt. Eine graue Maus unter den Frauen. Bevor ich zu Wolfgang und Mechthild fuhr, hatte ich sexuell keinerlei Erfahrungen gemacht. Die Sorge, einem Mann zu begegnen und mit ihm intim werden zu müssen, bereitete mir im Fortschreiten meiner Lebensjahre immer größere Angst. Ich wollte aber auch nicht als die ewige Jungfrau sterben. Ich besaß ein Recht auf Liebe und Zuwendung. Mechthild und Wolfgang hatten versprochen, mich auf sanfte Art und Weise in die Themen Liebe, Sex und Zärtlichkeiten einzuführen. Sie hätten bereits vielen Frauen den Weg zu einem glücklichen Leben aufgezeigt. Die Frauen müssten, als Gegenleistung für die Anweisungen in ein erfülltes Leben, während der Therapie lediglich den Haushalt des Ehepaares in Ordnung halten. Sie dürften sich den Anordnungen der Lehrmeister, wie sich Wolfgang und Mechthild nannten, nicht widersetzen, weil das den Lernprozess blockiere. Wolfgang gab sich als geschulter Psychologe aus, mit umfassender Berufserfahrung von traumatisierten Patienten. Die Bezeichnung seines Berufes schaffte eine angenehme, vertrauensvolle Atmosphäre zu meinen späteren Peinigern. Mein Gefühl zu diesem Ehepaar war zunächst ein sehr geborgenes und vertrautes. Von ihnen fühlte ich mich verstanden und akzeptiert, als ich Kontakt über das Internet zu ihnen aufnahm. Besonders zu Wolfgang fühlte ich mich hingezogen. Seine nette, aufmerksame Art weckte mein Interesse. Vielleicht hatte ich mich im Internet sogar ein wenig in ihn verliebt. Wirklich, er wusste genau, wie er Frauen um den Finger wickeln konnte. In mir hatte er eine große Bewunderin gefunden und selten war mir ein Mann begegnet, der so einfühlsam auf Frauen einging, wie Wolfgang es tat. Ein Charmeur, Frauenversteher und Romantiker. Auf eine seiner Annoncen war ich aufmerksam geworden. Therapeutenehepaar sucht Haushaltshilfe. Bevorzugt eine Frau mit psychischer Erkrankung. Labilität, bipolare Störung, Psychose oder Traumata stelle kein Problem dar, hieß es. Einzige Bedingung sei es, während der Aufenthaltszeit von etwa zwei bis drei Monaten bei ihnen wohnen zu müssen, und unter fachlicher und kompetenter Anleitung eine individuelle Therapie genießen zu wollen. Gegen Mithilfe im Haushalt. Ideal für eine Frau, die sich eine Auszeit von ihrem bisherigen Leben *gönnen* möchte. Das Wort gönnen gefiel mir besonders gut. Es weckte meine Neugierde und schaffte ebenfalls Vertrauen. Vertrauen zu diesen, mir völlig fremden, Menschen. Wir schrieben einige Male per Email hin und her und führten stundenlange, für mich sehr wohltuende, Telefonate. Die Menschen waren herzlich, freundlich, zuvorkommend und einfühlsam. Wir kamen schnell überein, es miteinander zu versuchen und eine gemeinsame Zeit zu verbringen. „Wirst sehen, du bist ein völlig neuer Mensch nach der Therapie bei uns! Selbstbewusst, attraktiv und die Männerwelt wird dir zu Füßen liegen!“, triumphierte Wolfang und überzeugte mich damit endgültig, meine Koffer zu packen und nach

Bossenborn zu reisen. Sehr gern wäre ich der Männerwelt etwas selbstbewusster gegenübergetreten, denn ich wünschte, einen liebevollen Mann kennenzulernen. Meine Lebensuhr tickte unaufhaltsam. Ich glaubte, endlich etwas unternehmen zu müssen, um mein Leben auf Vordermann zu bringen, denn darin gab es nur noch meine Mutter. Sie wohnte längst in einem Altersheim, leider. Frühzeitig zerbrach sie an ihrem armseligen Leben. Den Tod meines Vaters hatte sie nicht verkraftet, wobei ich sein Ende für eine Erlösung hielt. Eine Erlösung für uns alle. Meine Mutter erkrankte beinahe von heute auf morgen an Demenz. Vielleicht hatte es bereits seit längerer Zeit Anzeichen für diese heimtückische Krankheit gegeben, aber ich hatte sie nicht wahrgenommen, weil ich zu wenig Kontakt zu meiner Mutter pflegte. Das Elternhaus damals frühzeitig verlassen zu dürfen, empfand ich als eine innerliche Befreiung. Meine Mutter würde mich jedenfalls nicht vermissen! Einer kleinen Reise stand nichts im Wege. In meiner Wohnung gab es keine Blumen und auch keine Katze, die versorgt werden musste. Ich gab niemandem meinen Haustürschlüssel, noch sagte ich irgendwem Bescheid, dass ich für längere Zeit wegfuhr. Mich würde niemand vermissen. Freunde waren rar gesät in meinem Umfeld. Meine zuletzt beste Freundin hatte vor einigen Wochen geheiratet und Zwillinge bekommen. Sie beschäftigten wahrlich andere Probleme, als sich um mich, das Mauerblümchen, zu kümmern. Simone würde Augen machen, wenn ich aus meiner Therapie heimkehrte. Ich glaubte tatsächlich, ein völlig neuer Mensch zu werden und mit einem gewissen *Extra* auf Männer zu wirken! Das Extra zu finden, das mir bisher fehlte, wenn ich bei Mechthild und Wolfgang in die

Schule ging! „Sexschule“, lachte Wolfgang neurotisch, als ich ihm am Telefon freudig berichtete, dass ich den Aufenthalt vor meinem inneren Auge bei ihm und seiner Frau als eine Art Schulung betrachtete.

„Wolfgang gelangt sexuell in Wallung, wenn er mich demütigen und schlagen kann!“, las Wolfgang weiter in den Zeilen meines Tagesbuchs. Er war mittlerweile ziemlich aufgebracht über das, was er las. Aufgebracht über die grauenvolle Wahrheit, die ihn als Mensch beschrieb. Ich glaubte, er würde mir bald den Todesstoß verpassen. Sollte er es endlich vollbringen, mir fehlte die Kraft, ins Leben zurückzukehren. Warum sollte ich heimkehren? Was hatten diese Menschen aus mir gemacht? Einen Haufen emotionale Scheiße! Zugerichtet wie einen Straßenköter aus Rumänien hatten sie mich! So zumindest fühlte ich mich. Ein Köter, dreckig, misshandelt, geschlagen, emotional ausgebeutet. Man ließ mir mein Leben, weil man sich nicht sicher war, wie man sich mir entledigen sollte. Möglichst grausam sollte er sein, mein Tod. Ich hatte in den letzten Tagen und Wochen alle Grausamkeiten durchlebt, da gab es am Ende nichts mehr! Nichts, was dem Erlebten die Krone aufsetzen könnte. Ich würde mich vor den nächsten Zug werfen, vor einen besonders schnellen, damit ich all die Schmerzen mit einem Schlag loswerden würde. Los, komm, gib ihn mir, den Todesstoß! Mit deinen Arbeitsschuhen! Die Stahlkappen werden mich erledigen, du musst nur die richtige Stelle treffen! Eine, die du bisher verschont oder in deinem sadistischen Wahn noch nicht getroffen hast. Vom ersten Tag an, als ich Wolfgang begegnete, überlegte ich, warum ein Therapeut schwere Arbeitsschuhe trug. Die Kombination

Arbeitsschuhe und Jogginganzug wirkten auf mich abstoßend und eigenartig. „Wolfgang, die Olle hält nicht mehr lange durch, lass uns endlich losfahren!“ Mechthild warf einen besorgten Blick auf mich und meine körperliche Verfassung. Ja, sie hatte Recht. Ich spürte ihn bereits in mir, den Tod. Er war mir sehr nahe. Wenn ich nicht heute starb, dann spätestens morgen. Meine Gedanken verwischten phasenweise immer wieder und ich verlor kurzzeitig das Bewusstsein. Lass es endlich vorbei sein, betete ich leise und wimmerte schmerzerfüllt vor mich hin. Wolfgang trat plötzlich näher an die Couch heran und griff ein Büschel meiner Haare. Er atmete schwer. Unbeeindruckt dessen, wie kraftlos und schwerverletzt ich war, zog er mich an den Haaren hoch. Solange, bis ich senkrecht auf der Couch saß. Vor Schmerzen gekrümmt, stieß ich einen leisen Schrei aus. „Ja, schrei du nur! Das hilft dir auch nicht mehr! Bist du hier nicht gut behandelt worden? Haben wir dich nicht durchgefüttert und dir all die guten Dinge beigebracht, die eine Frau wissen muss?“, schrie er mich an. „Hast du nicht bekommen, was wir dir versprochen haben?“
„Doch! Doch!“, wimmerte ich. Mein Körper zitterte, das Blut gefror in meinen Venen. Mir war so fürchterlich kalt. Meine Verfassung wurde immer schlechter und ich würde meine Körperspannung nicht mehr lange aufrechterhalten können. Ich spürte das Blut in meinem Gesicht, es triefte aus meiner Nase. Mechthild hatte mir vor wenigen Stunden mehrmals brutal auf den Kopf geschlagen. Vielleicht hatte ich einen Schädelbruch erlitten. Während Wolfgang meinen Kopf unnachgiebig durch den Griff in meine verbliebenen Haare positionierte und ihn hielt, als wolle er ihn abreißen, tropfte das Blut auf meine Lippen. „Bitte aufhören!“,

weinte ich. „Aufhören, aufhören!“, äffte Wolfgang mich in einer besonders erniedrigenden Art und Weise nach. „Du hattest hier noch so viele Aufgaben zu erledigen und jetzt machst du schlapp! Wer soll für den Schaden aufkommen, den du hier hinterlassen hast? Du hast heute weder aufgeräumt, noch deine sexuellen Pflichten erledigt!“ „Willst du sie etwa noch ficken?“, fragte Mechthild plötzlich. Sie klang skeptisch und besorgt. Abrupt unterbrach sie Wolfgang. Er schüttelte den Kopf. „Nein, bei dem bemitleidenswerten Anblick dieser armseligen Kreatur bekomme selbst ich keinen mehr hoch!“, schnaubte er wütend. Entschlossen ließ er meine Haare los, griff um meine Taille und trug mich über den Flur. Die Garage war an das Wohnhaus angeschlossen, also war es für die Nachbarn von außen nicht sichtbar, dass man mich halbtot ins Auto schleppte. Jenes stand an diesem Tag allerdings vor der Garage. Dass von den Nachbarn jemand mitbekam, was sich in dem Horrorhaus abspielte, glaubte ich kaum. Bis zum heutigen Tag hatte ich niemals einen der Nachbarn gesehen. Der Ort war wie ausgestorben. „Hast du ihre Tasche?“ „Ja!“, antwortete Mechthild, die dicht hinter uns ging. „Was ist mit ihrem Tagebuch?“, fragte sie zögerlich. „Das bleibt hier! Das schmeißen wir, wenn wir zurück sind, in den Ofen!“ „Bitte nein! Ich möchte es mitnehmen! Es sind doch meine Erinnerungen an euch!“, jammerte ich leise. Mir ging es garantiert nicht um die Erinnerungen der letzten Wochen während meines dreimonatigen Martyriums. Wenn Wolfgang und Mechthild mich tatsächlich wieder nach Hause bringen sollten, wollte ich dieses Buch niemals wieder in die Hände nehmen. Um keinen Preis würde ich meine geschriebenen Zeilen lesen wollen. Mir ging es um meine detaillierten Einträge.

Sobald ich in der Lage gewesen wäre, eine Polizeistation aufzusuchen, hätte ich von dem Horrorhaus in Bossenborn berichtet, in dem der Wahnsinn regiert, damit anderen Frauen dieses Leid erspart bleibt. Wenn ich auch bisher meinen Mund niemals aufbekam, eine feige Sau war, mich vor allem Übel und Bösem dieser Welt schutzsuchend versteckte, so würde ich von diesen Grausamkeiten berichten müssen. Ich sah es als meine menschliche Pflicht, öffentlich über die Gräueltaten dieses angeblichen Therapeutenpärchens aufzuklären. Das Auto rollte beinahe geräuschlos über die Autobahn. Ich lag blutend und schwerletzt auf der Rückbank. Mechthild kauerte auf dem Beifahrersitz. Wolfgang saß hinter dem Steuer des alten Kombis. Es stank nach Schweineblut in dem Wagen, vielleicht hatten sie vor einiger Zeit mit dem Auto menschliche Leichen abtransportiert. Ich glaubte nicht, dass die beiden mich nach Hause fuhren, auch wenn sie es untereinander abgesprochen hatten. „Wir fahren sie einfach zurück nach Hause und dann machen wir uns wieder vom Acker!“, sagte Mechthild. Nein, ich glaubte ihnen kein Wort. Bestimmt warfen sie mich in den nächsten Fluss, eingewickelt in Folie und mit einem schweren Felsbrocken an meinen Füßen beschwert. Vor meinen inneren Augen liefen die schlimmsten Albträume ab. Diesen konnte ich mich nicht widersetzen. Egal wohin sie mich fuhren, diese Sadisten, ich war ihnen ausgeliefert. Die in der Zukunft liegenden Dinge musste ich über mich ergehen lassen. An dem Tag, als ich mich entschied, mich auf den Weg nach Bossenborn zu machen, legte ich mein Schicksal in die Hände zweier Menschen, die von Sadismus angetrieben und bereit waren, einen anderen Menschen zu töten. Ahnungslos begab ich mich auf den Weg in die Hölle. Plötzlich ruckelte das Auto. „Scheiße, der Kühler mal wieder!", schimpfte Wolfgang und fuhr das Auto an den Seitenstreifen. Mir fehlte die Kraft, mich ein wenig aufzurichten. Ich konnte den Qualm, der aus dem Motorbereich emporstieg, nicht sehen, aber ich roch ihn. „Sie blutet jetzt auch aus den Ohren!" Mechthild warf einen ängstlichen Blick zu mir auf die Rückbank, während Wolfgang ausstieg und die Motorhaube des Kombis öffnete. „Und wenn ich ihr den Schädel eingeschlagen habe?", rief ihm Mechthild ängstlich hinterher. „Ja und? Dann ist das halt so! Lässt sich jetzt wohl nicht mehr ändern! Ich habe ganz andere Probleme gerade, siehst du doch!", fluchte er notorisch. Mechthild blickte wieder zu mir. „Wie geht's dir?", wisperte sie leise. Ich glaubte in ihrer Stimme Mitleid herauszuhören, schüttelte den Kopf und schloss meine Augen. Nein! In dieser Frau würde ich niemals Mitleid finden. Sie glich einer Fata Morgana. Bei genauerem Hinsehen erkannte man das Grauen in ihrer Gestalt. Sie besaß lediglich die wundervolle Begabung, sich hervorragend zu verstellen. Mir fehlte die Kraft zum Sprechen. Selbst meine Augenlider wurden zu schwer, um sie geöffnet zu halten. „Ich will nicht, dass du stirbst!", flüsterte Mechthild leise und ich glaubte für einen Moment, es tat ihr tatsächlich leid. Leid, was sie mir alles in den letzten drei Monaten angetan hatten. Für ein Schuldbekenntnis war es zu spät. Alles, was in meinem Leben geschehen würde, konnte niemals schlimmer sein, als diese drei Monate, die hinter mir lagen. Ich hätte alles dafür gegeben, friedlich einschlafen zu dürfen. Gedanklich sah ich all die erlebten, furchtbaren Dinge durch mein Seeleninneres an mir vorbeirauschen. Nackt hing ich mit den Händen nach oben festgebunden unter der Dachschräge. Das Seil scheuerte meine Handgelenke blutig, weil ich so sehr an ihm zog und ruckte während Wolfgang mich auspeitschte. Dem grausamen Schmerz der Lederpeitsche konnte ich nicht standhalten. Wolfgang schlug mich bewusstlos, wieder und wieder. Während ich regungslos, im wahrsten Sinne des Wortes, in den Seilen hing, befreite er mich. Warf mich auf die alte Matratze und verging sich an mir. Die Matratze, die schwarz vor Dreck und völlig versifft war. Wie viele andere Frauen hatte er wohl vor mir auf ihr vergewaltigt und sich an ihren Körpern befriedigt? Er vollzog den Geschlechtsverkehr mit einer ohnmächtigen Frau und fand darin seine Befriedigung. Später erzählte er heldenhaft, er habe mir mal wieder das Leben gerettet, als ich bewusstlos geworden war. Durch Mund-zu-Mund-Beatmung habe er mir Liebe und Leben in meinen leblosen Körper gehaucht. „Und dann ist Dornröschen wieder erwacht!", sinnierte er selbstverherrlichend. „Schnucki, du würdest uns vieles erleichtern, wenn du dem Auspeitschen standhalten würdest!", lachte er oftmals dreckig. „Weißt du, ich ficke lieber lebendige Körper, als tote!" Diese Aussage kaufte ich Wolfgang nicht ab, er war ein wildes Tier und fickte wahrscheinlich auch die Kühe auf dem Bauernhof seines Nachbarn. Vor meinem inneren Auge sah ich meine erlebten Qualen. Wie ich mich erbrach, weil mich die Worte dieses Menschen so sehr anwiderten! Wie erbärmlich ich in die Toilette kotzte und sie später sauber wischte, während Wolfgang neben mir stand und wie ein Wächter aufpasste, dass ich auch ja alles richtig machte. Er hielt eine Zigarre in der Hand, mit der er mir Brandmale verpasste. Auf meinem Rücken, auf meinen nackten Brüsten, auf meinen Armen und einmal drückte er sie sogar in meinem Mund aus. Er befahl mir, es zu öffnen, mein Schandmaul, wie er es nannte, um seine Zigarre zu löschen. „Du musst genügend Rotze sammeln, dann tut es nicht so weh!“, grinste er belehrend. Sein Blick war stechend gierig. Der Trieb sprach aus ihm. Der Trieb, sein Opfer zu jagen, wie ein wilder Löwe, der eine Gazelle in den Tod trieb. Der Teufel in Gestalt eines Mannes, mit kurzen Füßen und dicklicher Bierwampe stand vor mir und wartete auf den herrlichen Genuss, mich hinrichten zu können. Er ließ seinen perversen und perfiden Gedankenspielen, in denen er überlegte, was er alles mit mir anstellen könnte, nur um mich leiden zu lassen und sich an meinen Qualen zu ergötzen, freien Lauf. Leiden lassen, mich, seine Sklavin. Wie eine Verrückte sog ich all die Flüssigkeit an, die sich in den Schleimhäuten meines Mundes befand und positionierte sie mittig auf meiner Zunge. „Komm, mach brav den Mund auf! Du willst Daddy doch nicht verärgern!“ Wolfgangs Augen blitzten geil und er bleckte die Zähne. Das Gefühl, als die heiße Zigarre meinen Gaumen berührte. Unerträglich! Der Schmerz ließ mich vor meinem Peiniger in die Knie gehen. „Wenn du schon einmal dort unten bist, dann kannst du mir bei der Gelegenheit auch gleich einen blasen!“ Wolfgang öffnete die Gürtelschnalle samt Hose und fummelte an seinem besten Stück herum. Erbarmungslos schob er mir seinen Penis in den geschundenen Mund, hielt eisern meinen Kopf und vollführte heftige, stoßende Bewegungen. Mir wurde schlecht und gleichzeitig schwarz vor Augen. All diese Bilder zogen in meiner nahenden Todesstunde an mir vorbei. Ja bitte, ich möchte endlich sterben dürfen. Sterben! „Nichts als Ärger mit diesem Weib!“, fluchte Wolfgang, als es mir immer schummeriger vor Augen wurde. Ich glaubte, das Bewusstsein zu verlieren. „Wenn sie ein Köter wäre, könnte ich sie wenigstens erschießen! Ihr den Gnadenschuss verpassen oder sie erdrosseln! Das kann man ja nicht mit anhören, dieses Gejammer!" Wolfgang knallte die Motorhaube zu und stieg wieder ins Auto ein. „Wir müssen noch ein paar Minuten warten, bis die Temperatur im Normalbereich ist!", ächzte er. „Wir sollten den Rettungswagen anrufen, Maria geht's nicht gut!" Mechthild warf immer wieder besorgte Blicke auf die Rückbank des klapprigen Kombis. Ihr schlechtes Gewissen schien an ihrer Seele zu nagen. „Wir können das Risiko nicht eingehen, dass Maria in unserem Auto stirbt! Oder willst du ins Gefängnis wandern, Wolfgang?" „Wieso ins Gefängnis? Weil wir großzügig, wie wir sind, eine verwahrloste Frau bei uns aufgenommen, verpflegt und sie betreut haben? Dafür sollte man uns einen Orden verleihen, Mechthild! Dass wir aus diesen Weibern richtige Frauen machen und ihnen die Spielregeln des Lebens zeigen, dafür kann uns wohl keiner ins Gefängnis stecken!" Wolfgang streichelte seinen dicklichen Bierbauch und strich sich nachdenklich über den Schnurrbart. „Diese Kreatur da hinten hat uns jedenfalls genug Ärger gemacht! So einen sturen Bock hatten wir ja noch nie!" Mein Atem ging rasselnd, zu sehr wühlten mich die grausamen Worte dieses herzlosen Menschen auf. Billigend nahm er in Kauf, dass ein Mensch in seinem Auto starb. Das Blut aus meiner Nase und meinen Ohren lief unaufhaltsam. Es tropfte verräterisch auf den Stoff der Rücksitzbank. Die Sitzbezüge waren hellbeige, folglich hinterließ ich Spuren. „Hey scheiße, was macht die alte Drecksau da hinten auf den Sitzen, die blutet ja alles voll!" Wolfgang sprang aufgebracht aus dem Auto, als er das Blut auf der

Rückbank entdeckte. Beim Aussteigen wäre er fast von einem wild hupenden, vorbeirauschenden LKW überfahren worden. Mein Peiniger riss die Tür zu den Rücksitzen auf, wuchtete meinen Körper unsanft von der Waagerechten in die Senkrechte und zog eine alte Jacke, die auf der Ablage über den Sitzen lag, hervor und legte sie auf die Rückbank. Dann ließ er mich, ohne Rücksicht auf meine Verletzungen, zurück auf die Polster fallen. Als er meinen völlig entkräfteten und leblosen Körper ergriff, spürte auch er hinsichtlich der Menge Blut, die ich verloren hatte, meinen nahenden Tod. „Ruf den Notarzt!“, wies er Mechthild an. Dann wurde es dunkel um mich. Der Rettungswagen verbrachte mich in ein nahgelegenes Krankenhaus. Die Erleichterung über meine Rettung aus den Händen dieser Menschen, die den Namen Mensch nicht verdienten, übernahm all den Schmerz und die Anspannung der zurückliegenden Tage. Alles fühlte sich plötzlich so unwahrscheinlich leicht und sorgenfrei an. Loslassen. Endlich loslassen dürfen.

Kapitel 2

Die Ankunft

„Wir hatten uns dich aber ganz anders vorgestellt!“ Wolfgang musterte mich mürrisch von oben bis unten, als er mich am Bahnhof in Empfang nahm. „Ich dachte, du hättest größere Brüste. War das Foto im Internet bearbeitet?“ Na, das war ja eine tolle Begrüßung. „Nein, die Fotos waren alle echt!“, rechtfertigte ich mich etwas eingeschüchtert und reichte dem untersetzten Mann meine Hand zur Begrüßung. „So und du hattest also noch nie in deinem Leben eine sexuelle Erfahrung?", fuhr Wolfgang ungeniert fort. Ohne Rücksichtnahme auf die anderen Fahrgäste, die am Bahnsteig von ihren Liebsten in Empfang genommen wurden und an uns vorbeischlenderten. Beschämt schüttelte ich den Kopf. Unter der Frage nach einer sexuellen Erfahrung konnte ich mir nichts Genaues vorstellen. Meinte er den Geschlechtsverkehr oder das Küssen? Petting vielleicht, oder das ich einem Mann einen geblasen hätte? „Naja, wir werden dir schon auf die Sprünge helfen!" Wolfgang lachte lasziv und klopfte mir auf die Schulter. „Na komm du Nonne, dann zeige ich dir mal unser trautes Heim!" Sein dreckiger Humor wirkte auf mich äußerst abstoßend. Einen solchen Umgangston war ich nicht gewohnt. Eigentlich kam ich aus gutem Hause. Manieren hatte man mir wohl beigebracht. „Sehr schöne Gegend!", sagte ich anerkennend, als ich neugierig aus dem Autofenster die Umgebung betrachtete, die an uns vorbeizog, während Wolfgang das Auto in sein kleines *Dörfelein*, wie er es nannte, lenkte. „Ein paar Dinge, Maria!", grunzte er plötzlich in ernster Tonlage. „Die Mechthild, die hat nichts zu melden bei uns zu Hause. Den Ton gebe ich an und ihr habt euch ganz nach meinem Wort zu richten!" Aufmerksam nickte ich. Ich verstand zwar nicht, worum es Wolfgang genau ging, mir war jedoch bewusst, ich war zum Lernen angereist und würde den Anweisungen folgen müssen. Immerhin war ich ein geduldeter Gast im Haus dieser fremden Menschen. Meine Hoffnung auf ein schöneres, etwas aufregenderes Leben, als ich es bisher führte, brachte mir gedankliche Entspannung. Die bildliche Vorstellung gefiel mir. Endlich einmal etwas erleben zu dürfen! Ich war doch eine graue Maus, viel zu langweilig für die

Männerwelt da draußen. „Mach mal deine Haare auf! Du siehst aus wie Frau Pruzzelliese!“ Wolfgang griff mir an meinen Zopf und zog unsanft das Haargummi aus dem Pferdeschwanz. „Wie sehe ich aus?“ „Na wie die Olle von Pippi Langstrumpf! Sag bloß du kennst nicht das Mädchen, dass sich ihre Welt macht, wie sie ihr gefällt?“ Wolfgang sah mich entsetzt an. „Du kommst ja tatsächlich aus Hintertupfingen, was?“ Ich glaubte rot zu werden und blickte traurig auf meine Oberschenkel. Es war bestimmt besser, mich nicht zu bewegen und nichts Falsches zu antworten. Mit Wolfgang war nicht gut Kirschen essen, das verstand ich gleich bei unserer ersten Begegnung. Wenn alle Therapeuten so drauf waren wie er, dann wunderte es mich nicht, dass sie die Menschen von ihren Leiden heilen. Das will sich ja niemand freiwillig antun. Da musste man ja zwangsläufig ganz fix gesunden. Diesen Kerl für drei Monate ertragen zu müssen, schien mir eine äußerst harte Therapie zu werden. „Könntest du dir vorstellen, mit einer Frau intim zu sein?“ Wolfgang ließ nicht locker mit seinen Fragen, die mir äußerst ungewöhnlich für einen geschulten Psychologen vorkamen. Meinen Missmut schluckte ich tapfer herunter und zog unschuldig die Schultern hoch. „Ja was? Du weißt nicht, ob du dir vorstellen kannst, eine Frau sexuell zu erforschen? Hast du etwa noch nie darüber nachgedacht?“ Wolfgang bleckte die Zähne. Er schien einen schlechten Zahnarzt zu haben, denn sein Oberkiefer schloss mit dem Unterkiefer nicht stimmig übereinander. „Was guckst du denn so blöd?“ Es war ihm nicht entgangen, dass ich auf seine Zähne starrte. Schnell guckte ich wieder aus dem Autofenster. Ich konnte ihm wohl schlecht sagen, dass ich solch ein hässliches Pferdegebiss wie seins noch nie zuvor gesehen hatte. Die

Wohngegend war ländlich und der Name des Dorfes trug einen schwedischen Kindervornamen mit „born" hintendran, Bossenborn. Ich fand das gruselig, denn ich mochte weder Schweden, noch kleine Dörfer. Hinter den Fensterscheiben der urigen Fachwerkhäuser hingen doch überall neugierige alte Frauengesichter, die auf das neueste Geschehen warteten, damit sie etwas zum Tratschen hatten. Außer Kühe melken und Dorfklatsch gab es doch auf dem platten Land nichts zu tun. Das war bei uns in der Stadt anders. Dort raste alle paar Minuten ein Polizeiauto durch die Innenstadt, weil wieder irgendwo jemand durchdrehte und vielleicht einen Menschen erschoss. Die Menschen dort kümmerten sich nicht um ihre Mitmenschen. Vor wenigen Tagen war eine junge Frau vom Bahnsteig vor einen ICE gestürzt, von diesem erfasst und getötet worden. Die Menschenmenge, die am Bahnhof ebenfalls auf die herannahenden Züge wartete, filmte das grausige Geschehen mit ihren Handys und stellte es auf allen möglichen Internetseiten online, bevor jemand den Rettungsdienst rief. Ich las es wenige Tage nach dem Vorfall in der Zeitung. Das war typisch für das Stadtleben. Sensationsgeil waren die Menschen bei uns. Wenn es darum ging, einem anderen Menschen zu helfen, sahen sie lieber weg. Ich fragte mich, ob das in Bossenborn wohl auch der Fall wäre. Mehr als fünf Häuser und sechs Bauernhöfen hatte ich nicht ausmachen können, während Wolfgang den alten Kombi auf den Kiesweg seiner Hauseinfahrt steuerte. „Wir sind da!", sagte er lapidar und zog den Wagenschlüssel aus dem Zündschloss. „Und wie gesagt, halt dich an unsere Abmachung! Du hast das zu tun, was ich sage, Maria!" Ich nickte brav und verständnisvoll. Meine schwarze Reisetasche, in der ich all meine nötigen Sachen für die kommenden drei Monate verstaut hatte, nahm Wolfgang heldenhaft von der Rückbank des Autos und trug sie die Treppe hoch, die zum Hauseingang führte. „Komm schon, oder willst du etwa im Auto übernachten?“, rief er griesgrämig. *Was für ein alter, fieser Knopp... Mir grauste es vor ihm.* „Willkommen Maria!“, begrüßte mich Mechthild herzlich. Meine Güte, es tat richtig gut, endlich einem normal scheinenden Menschen die Hand schütteln zu dürfen. „Schön, dass du da bist! Wolfgang und ich haben schon sehnsüchtig auf dich gewartet! Sei willkommen in unserem bescheidenen *Heimelein!*“ Mechthild wies mir in der guten Stube einen Stuhl zu. An einer hübsch gedeckten Kaffeetafel. Sie schien ein liebevoller Mensch zu sein. Bei dem Geschirr, welches sie zur Feier des Tages aufgetragen hatte, handelte es sich garantiert um ein Erbstück. Alte, handbemalte Tassen und Teller mit goldenem Rand erfreuten mein Auge. Alte und antike Dinge liebte ich sehr, denn sie erinnerten mich an mein Zuhause. Meine Oma mochte diese kitschigen Kaffeeservices, wie meine Mutter sie nannte, sehr und als ich ein kleines Kind war, schenkte sie mir einige dieser bunten Tassen. Erinnerungsstücke an eine wundervolle, unbeschwerte Kindheit. „Ihr habt es hier sehr hübsch!“, gestand ich mit einem Leuchten in den Augen. Der Anblick des liebevoll gedeckten Tisches machte Wolfgangs, mir gegenüber sehr rüpelhafter Art wieder wett. Mit Mechthild glaubte ich mich gut zu verstehen. Das Haus und die Räumlichkeiten waren einfacher Herkunft. Nichts war zu dick aufgetragen. Kein Kitsch, nur das Nötigste, das man zum Leben brauchte. Ein paar alte Bilder hingen an den Wänden. Die Couch war bestimmt uralt, aber gepflegt. Der Teppich unter meinen Füssen akribisch sauber gesaugt, und die

Tischdecke weiß wie der Neuschnee im Winter. „Ja Mechthild ist eine gute Hausfrau!", lobte Wolfgang. Ich nickte zustimmend. Mechthild zeigte mir nach dem Kaffeetrinken mein Zimmer. Klein, aber fein. Annehmbar, beschloss ich. „Nimm es dir nicht so zu Herzen!", sagte sie und schloss das gekippte Fenster. Die Luft in dem Zimmer war frisch und es roch nach Weichspüler und Raumerfrischer. „Was bitte zu Herzen nehmen?", fragte ich nachdenklich. „Ach nichts!" Mechthild schüttelte den Kopf und machte eine abfällige Handbewegung. „Alles gut! Wenn du etwas brauchst, melde dich! Ansonsten sehen wir uns um Punkt 19 Uhr zum Abendessen! Es wäre besser, wenn du das Zimmer nicht verlässt. Wolfgang mag es nicht, wenn im Haus spioniert wird!" Ich legte den Kopf schief. *Hatte ich richtig gehört? Spionieren? Sah ich etwa aus wie eine Spionin?* An Wolfgangs Worte erinnerte ich mich. *Mechthild hat nichts zu sagen, ich gebe das Kommando!* Ich zog eine Augenbraue hoch, na gut, bliebe ich eben bis 19 Uhr im Zimmer. Ich hätte gern einmal die Gegend erkundet und den Garten angesehen. Scheinbar war es den Herrschaften nicht angenehm und ich hatte es zu akzeptieren. Eine kurze Auszeit nach der langen Zugfahrt tat mir bestimmt gut. Ich zog meine Schuhe aus und legte mich heimelig auf das in türkisfarbener Bettwäsche bezogene Bett. *Wer schläft, der sündigt nicht.* Somit machte ich ein kleines Nickerchen. Ein leises, aber schweres Atmen weckte mich. Intuitiv spürte ich die Nähe eines Menschen, direkt neben dem Bett, in dem ich lag. Für einen Moment glaubte ich, es wäre besser so zu tun, als schliefe ich. Seitlich auf dem Bauch liegend erkannte ich aus einem blinzelnden Auge die Umrisse einer Jogginghose. Jemand im Trainingsanzug stand unmittelbar vor meinem Bett und atmete so schwer wie ein Walross. Wolfgang war es. Die Jogginghose verriet ihn. Mein Herz schlug kräftiger. Unsicherheit stieg in mir empor. Angst! Hoffentlich hörte er meinen Herzschlag nicht. Ich blieb regungslos liegen. Abwartend, was geschah, vernahm ich ein Rascheln. Knotete Wolfgang etwa die Kordel an seinem Hosenbund auf? *Verdammte Scheiße, was macht der da?* Während ich meine Augen vorsichtig wieder einen klitzekleinen Spalt weit öffnete, erschrak ich innerlich, als ich plötzlich seinen Penis erblickte. Wolfgang hielt ihn in der Hand. Rieb ungeniert die Vorhaut hin und her. Für einen Moment glaubte ich, mich räuspern zu müssen, und versuchte dies mit all meiner Kraft zu unterdrücken. *Was macht er? Holt der sich jetzt einen runter, oder was? Ich bin weder nackt, noch gibt es hier irgendeinen Reiz, durch den ein Mann sexuell erregt werden könnte! Ich bin in sexueller Hinsicht vielleicht noch grün hinter den Ohren, weil ich Jungfrau bin, aber ich bin durchaus aufgeklärt. Warum ich noch keinen Sex gehabt habe, hat andere Gründe.* Wolfgang holte sich tatsächlich einen runter, während ich schlief. Vielmehr glaubte er, ich würde schlafen. Sein Sperma füllte er in ein kleines Döschen. Aus dem Augenwinkel heraus beobachtete ich alles, so gut ich konnte. Der Behälter glich dem eines leeren Marmeladenglases. Er verschraubte sorgfältig den Deckel, zog seine schlabbrige Jogginghose hoch und verließ das Zimmer. Er öffnete und verschloss die Tür beinahe ebenso lautlos, wie er hereingekommen war. Sein Handwerk verstand er. Ich staunte über die geräuschlose Begabung dieses Mannes, Türen hinter sich zu schließen. Nur sein Atmen verriet ihn, daran hätte er arbeiten müssen. Dann wäre er durchaus in der Lage gewesen, einen Agentenjob anzunehmen. Trotz seines schmierigen, fetten Bierbauchs. Ich erschauerte. Ein Frösteln durchzog meinen Körper. Etwas wackelig stand ich auf, um nachzusehen, ob ein Schlüssel in der Tür steckte, mit dem ich in der Nacht mein Zimmer hätte abschließen können. Unerwarteten Besuch wollte ich kein zweites Mal erleben, doch der Schlüssel fehlte…

Kapitel 3

Wahrheiten

„Na hast du ein kleines Schläfchen gemacht?“ Mechthild reichte mir die Kanne mit dem Tee und lächelte mich freundlich an. „Ja!“, nickte ich wahrheitsgemäß und warf Wolfgang einen skeptischen Blick zu. Wolfgang saß mir gegenüber, während Mechthild scheinbar nicht mit uns zusammen essen wollte, denn es fehlte ein Gedeck auf dem Tisch. „Ich empfehle mich!“, sagte Mechthild in einem merkwürdigen Ton und machte eine leichte, kaum wahrnehmbare Verbeugung vor dem Tisch. „Jaja, schon gut!“, schmatzte Wolfgang und fuchtelte mit seiner Hand mehrere Kreise in die Luft. Plötzlich entdeckte ich das Gläschen auf dem Tisch. Das Marmeladenglas, gefüllt mit weißem Inhalt. Mechthild schloss die Tür. Ängstlich blickte ich ihr nach. Mir wäre es lieber gewesen, wenn sie geblieben wäre. Wolfgang grinste hämisch. „So du kleine graue Maus! Dann erzähl dem Papa mal!“ „Was, was soll ich denn erzählen?“, stotterte ich. Angstvoll starrte ich auf meinen Teller. Meine Hände legte ich gefaltet in den Schoß. Ein Stoßgebet schickte ich zum Himmel. „Wie kommt es, dass eine 40-jährige Frau noch

Jungfrau ist?" Wolfgang fuhr sich durch die Haare und wischte den Mund mit seinem Handrücken ab. Er gab widerliche Geräusche von sich. „Das habe ich am Telefon bereits erzählt!" Inständig hoffte ich, mir blieben weitere Fragen hinsichtlich meiner zurückliegenden Vergangenheit erspart. Oft genug hatten Mechthild und Wolfgang in den geführten Telefonaten nach dem Übel meiner sexuellen Keuschheit geforscht. „Meine Mutter wurde von meinem Vater geschlagen und vergewaltigt! Ich musste es als kleines Kind mit ansehen und ich glaube, ich entwickelte eine regelrechte Angst vor Männern!" „Hat deine Mutter geschrien, wenn sie verprügelt wurde?" Wolfgang gab einen besonders ekelhaften, sehr lauten Rülpser von sich. Ich glaubte, sein Pferdegebiss fiel ihm aus dem Mund. Den Rotz in seiner Nase zog er hoch bis in die Nebenhöhlen. Gruselig! Nervös fummelte er an dem Döschen herum, dessen inhaltliche Herkunft mir mehr als gut bekannt war. „Hat sie geschrien, Maria? Deine Mutter?" „Nein!", antwortete ich. „Na also, warum hattest du Angst, als Kind? Wenn niemand schreit, tut auch nichts weh, oder?" Ich verstand die Frage nicht und eine Antwort auf so etwas Dämliches lag mir fern. Wolfgang machte mich fassungslos. *Ich will nicht so frech sein und ihm sagen, dass meine Mutter sich wahrscheinlich aus Scham zusammenriss, um mich als Kind nicht noch mehr zu ängstigen. Während ihrer Pein und dem Schmerz verrieten ihre Augen damals alles. Sie schrien nach Hilfe. Ihre Augen schrien! Nicht jedoch meine Mutter, das ängstigte mich noch viel mehr. Der Anblick ihrer Augen. Der Anblick ihrer Not und ihrer Pein.* Wolfgang konnte scheinbar Gedanken lesen. „Es bereitete dir viel mehr Angst, dass deine Mutter ihre eigene Angst vor dir verheimlichte, als ansehen zu müssen, wie sie von deinem Vater geschlagen wurde! Stimmt's?" Ich schwieg. Wolfgang hatte den wunden Punkt getroffen. Gut, er war der Psychologe. Auch wenn mir alles sehr suspekt vorkam, so glaubte ich bis zu diesem Zeitpunkt tatsächlich noch, ich säße mit einem psychologisch geschulten Beziehungstherapeuten beim Abendbrot und wir näherten uns langsam aber sicher meinem seelischen Problemen. „Sieh mal! Mein kleines Döschen hier! Weißt du, was da drin ist?" Wolfgang schob das Marmeladenglas mit dem abgefüllten Sperma vorsichtig über den Tisch zu meinem Teller herüber. Mich ekelte es. Für einen Moment überlegte ich, was mehr Sinn machen würde. Die Wahrheit zu sagen oder ihm eine falsche Antwort zu geben? *Was würdest du glauben, wäre in der Dose, wenn du nicht wüsstest, dass es Sperma ist, Maria? Eischnee? Flüssiger Zuckerguss?* „Ich weiß es nicht!", brach es aus mir heraus. Ich hielt keine meiner möglichen Antworten für geeignet. „Dann probiere es mal und sag mir die Antwort, wenn du davon gekostet hast!" *Wie? Der verlangt doch jetzt nicht allen Ernstes, dass ich sein Sperma esse? Oder etwa doch? Du kannst dich weigern Maria! Tu das nicht!* Ich spürte den Brechreiz in mir aufsteigen. Unterdrückte ihn tapfer mit einer großen Menge an Selbstbeherrschung. Hastig legte ich das Wasserglas an meine Lippen und kippte den Inhalt mit einem Mal die Kehle hinunter. Durch die Kohlensäure verschluckte ich mich und glaubte für einen kurzen Moment zu ersticken. Wolfgang erhob sich von seinem Stuhl, watschelte einmal um den Tisch herum und klopfte mir voller Gnade auf den Rücken. Legte seine Lippen an mein Ohr und flüsterte indiskret: „Jetzt zier dich nicht so und koste mal von dem Zeugs! Los!" Er reichte mir völlig skrupellos einen Löffel. Zögerlich nahm ich ihn, während er den Deckel des Marmeladengläschens euphorisch abschraubte. Ich tauchte die Löffelspitze in die zähe Flüssigkeit am Boden des Glases, schloss die Augen und legte den Löffel auf meine Zunge. *Schnell runterschlucken, dann ist es vorbei!* Alles in meinem Körper sträubte sich, als ich zum ersten Mal in meinem Leben Sperma kostete. Nur zu oft hatte ich in Gedanken durchgespielt, was passieren würde, wenn ich einem Mann seinen Penis blies, und er von mir verlangte, das Sperma zu schlucken. Auf meiner Endlosliste, warum ich keinen Sex haben wollte, war es ein weiterer Grund, sich gegen den Sex zu entscheiden. Ich fürchtete mich! Vor dem Herunterschlucken des Spermas, vor dem Geschmack, vor der Konsistenz. Es wäre dem Mann gegenüber unhöflich gewesen, es nicht schlucken zu wollen. Woher kam er, mein Ekel? Woher wusste ich, dass ich Sperma nicht mögen würde, wenn ich es doch noch gar nicht probiert hatte? Was wäre passiert, wenn ich vor den Augen des Mannes hätte erbrechen müssen, weil ich mich zwang, sein Sperma zu schlucken? Aus Liebe sollte die Frau bereit sein, das Sperma des Mannes zu schlucken. Ich für meine Person wollte dann lieber auf die Liebe verzichten. Es war meine Einstellung, daran gab es nichts Verwerfliches. „Und, was ist es?“ Wolfgang klopfte mir fordernd auf die Schulter und erwartete eine Antwort von mir. Sein unrasiertes Gesicht legte er ganz nah an meine Wange. Ich spürte die Bartstoppeln auf meiner Haut, es elektrisierte mich. Aus purem Ekel, Ekel vor Wolfgang, Ekel vor dem Sperma in meinem Mund. Ich musste mich übergeben. Das Tortenstück, das ich zum Nachmittagskaffe verzehrt hatte, ergoss sich in einer braunen Brühe über den von

Mechthild gedeckten Abendbrottisch. Wie Lava aus einem Vulkan sprudelte es aus mir heraus. Immer wieder schüttelte der Würgreiz meinen Körper. „Mechthild!“, schrie Wolfgang entsetzt. „Mechthild!“ Er gab mir einen kleinen aber festen Klaps auf meinen Hinterkopf. „Schäm dich, Maria!“, rabiat fuhr er mich an. Mechthild kam herbeigelaufen und nahm die Tischdecke zügig an allen ihrer vier Enden und legte sie mitsamt dem Geschirr zusammen in einen Eimer. Es krachte und ich glaubte, Porzellan ging zu Bruch. Es tat mir fürchterlich leid. Das gute Geschirr! „Unserem Fräulein hier schmeckt dein Abendbrot nicht!“, witzelte Wolfgang indezent, während mir gar nicht zum Lachen zumute war. Ich hätte die Situation Mechthild gegenüber gern aufgeklärt und klar gestellt. Jedoch, was hätte ich ihr sagen sollen? Dass ich von Wolfgangs Sperma erbrechen musste? Wie sehr sich Wolfgang in dieser Situation zusammenreißen musste, um nicht den Kerzenständer vom Tisch zu nehmen und ihn mir hemmungslos über den Schädel zu ziehen, spürte ich nicht. Mörderisch kämpfte er mit seinem inneren Dämon. Seine Hand war dem Kerzenständer nahe. *Ich widerte ihn an, denn ich verschmähte sein Sperma. Mir wurde schlecht von seinem besten, männlichen Gut. Die Höchststrafe für ihn. Ihn, den Sadisten.* Meine Anschauung brachte ihn zur Weißglut. Seine stechenden Blicke, die er mir zuwarf, verhießen nichts Gutes. Jedoch ahnte ich bei Weitem nicht, wie viel Grausamkeit in diesem Menschen lauerte, die nur darauf wartete, aus seiner dunklen Seele ausbrechen zu dürfen.

Kapitel 4

Sophie

In der Nacht schlief ich unruhig. Jedes noch so kleine Geräusch versuchte ich zu analysieren. Die Angst war mein Begleiter. Angst vor dem, von dem ich nicht wusste, was es sein würde. Sollte ich wieder abreisen? Mein Bauchgefühl rief: „ Lauf weg Maria, lauf fort, solange du die Möglichkeit hast!“ Während ich kurz einschlief, träumte ich von Wolfgang. Er stand wieder vor meinem Bett. Dieses Mal weckte er mich. „Los, blas mir einen!“, befahl er. Seine Hose heruntergelassen und lachend seinen Penis in der Hand haltend. Das Schwarze blitzte sekkant in seinen Augen. Unruhig wälzte mich im Schlaf, angetrieben von Rastlosigkeit, eingeschüchtert und verängstigt von menschlicher Bedrohung. Warum war ich hergekommen? Was glaubte ich hier zu finden? Die Heilung meiner Psychose? Ihre Erlösung? Ja! Meine Mutter hatte mir in den letzten Jahren oftmals vorgehalten, dass ich psychisch krank sei und endlich eine Therapie machen sollte. Wenn man etwas lange genug eingeredet bekommt, glaubt man irgendwann tatsächlich daran. Ich hätte keine Kinder, beschwerte sie sich, keinen Mann, keine Familie. Ich, ihr einziges Kind wäre ein Nichtsnutz. Nichts außer einer bitteren Enttäuschung wäre ich in ihren Augen. Sie hätte versagt in meiner Erziehung, jammerte sie. So gern hätte sie sich an Enkelkindern erfreut, beklagte sie sich. Es wäre ihr nicht gegönnt, auch einmal in ihrem Leben glücklich sein zu dürfen. Ich trug Schuldgefühle in mir, weil ich glaubte, für das Unglück meiner Mutter verantwortlich zu sein. Hatte mein Vater sie wegen mir geschlagen und misshandelt? Im Zorn schrie er oft, dass er ein verdammtes Mistblage wie mich nicht am Hals haben wollte. Meine Mutter hätte ihn betrogen, ich wäre nicht sein Kind. Die Erinnerungen in mir saßen tief. In meiner Seele, in meinem Herzen. Die Erinnerungen von dem, was ich erlebt hatte in den vier Wänden meiner eigenen Familie. Es hatte mich über die Jahre hinweg krank gemacht. Mein Herz blutete, wenn ich an all das Erlebte zurückdachte. Heute war meine Mutter dement, sie erkannte mich nicht einmal mehr, wenn ich sie im Pflegeheim besuchte. „Bist du die Sophie?“, fragte sie beständig. „Nein“, antwortete ich. Jedoch kannte ich das Mädchen mit Namen Sophie. Sie war aus dem Nachbarhaus unserer damaligen Wohnsiedlung und trug eine grausame Geschichte mit sich. Sophie war ein Inzestkind. Ihre Mutter wurde in jungen Jahren von dem eigenen Vater vergewaltigt und von ihm gezwungen, das Kind auszutragen. So brachte sie als seine Tochter, ihre Tochter, die Sophie, auf die Welt. Sophie galt in unserem Ort als das Horrorkind. Ihre Augen blickten in verschiedene Richtungen. Wenn sie vor mir stand, wusste ich nie, wohin sie guckte. Sie war mir unheimlich. Nicht nur mir. Uns allen. Eines Tages fand man sie im Wald. Tot. Es hieß, ihre Mutter hätte sie erschlagen. Aus Angst. Je älter Sophie wurde, desto gefährlicher sei sie, erzählten die Menschen hinter vorgehaltenen Händen. Sie hätte ihre Mutter nachts aus dem Schlaf gerissen und mit einem Messer bedroht. Mit einem großen Fleischermesser. Sophies Vater war von Beruf Metzgermeister. Er schlachtete Kühe, Pferde und Schweine. Kaltblütig zog er ihnen das Fell über die Ohren, wie meine Mutter es nannte. Ein ganzes Sammelsurium aus Messern nannte er sein Eigen. Sophie führte uns Kindern, wenn ihr widerlicher Vater nicht zugegen war, voller Stolz die scharfen Klingen seiner Schlachtwerkzeuge vor. Der Sprache war Sophie nicht mächtig. Sie brabbelte unverständliche Worte und gab wirre Laute von sich. Manchmal schrie sie auch einfach nur. Sie schien tatsächlich zurückgeblieben zu sein. „Nein Mutter, ich bin nicht die Sophie!“, antwortete ich stets auf die stoische Fragerei meiner Mutter, wer ich war. An Sophie konnte sich meine Mutter erinnern. Jedoch nicht an mich, ihre eigene Tochter. Dabei hatte ich meinen Eltern keinen Kummer bereitet. In der Schule war ich eine durchschnittliche Schülerin, fiel niemals negativ auf. Meine Ausbildung schloss ich mit guten Noten ab. Ich glaubte, ich verlor später den Anschluss, weil es niemanden in meinem Leben gab, der stolz auf mich war. Weil die Angst, der ständige Begleiter, mein Leben beherrschte, fiel ich seelisch in ein tiefes Loch. Depressionen folgten. Später verlor ich meine Arbeitsstelle. Ja, ich war psychisch krank. Warum sonst suchte ich mir im Internet ein Pärchen, befreundete mich mit ihm und fuhr schließlich zu ihnen nach Hause? Immerhin knapp zweihundert Kilometer, um mich mit ihnen sexuell einzulassen! Obwohl ich diese Menschen gar nicht kannte, war ich davon überzeugt, das Richtige zu tun. Mit einer Frau an meiner Seite, in diesem Fall Mechthild, glaubte ich mich sicherer zu fühlen, als bei dem Gedanken, zu einem alleinstehenden Mann aufzubrechen. Es gab genügend dubiose Männer, die im Internet auf Frauenfang gingen. Ich hätte mich niemals getraut, auf eine ihrer Kontaktanzeigen zu antworten. Mechthild war mir von Anfang an sympathisch. Sie war direkt einverstanden mit dem Vorschlag ihres Mannes, mir zu helfen. Die Beiden würden mich in die tiefen Geheimnisse des Sexuallebens einweihen. Auf die sanfte

Art und Weise würden sie es tun, betonten sie stets eindringlich. Ich bräuchte keine Angst zu haben. Während ich schlaflos in meinem Gästebett im Haus dieser fremden Leute lag, dachte ich über all diese Dinge nach. Immer wieder durchbrachen irgendwelche undefinierbaren Geräusche die Stille der Nacht. Aufmerksam lauschte ich ihnen. Es hörte sich an, als würde jemand etwas Schweres durch den Gang des Flurs schleppen und über dem Boden schleifen lassen. Zwischendurch glaubte ich, es hätte an meiner Tür geklopft. Ich verhielt mich mucksmäuschenstill. Die Bettdecke zog ich mir bis unter mein Kinn. So harrte ich aus, bis das Tageslicht langsam durch die Spalten der heruntergelassenen Rollläden dämmerte. Von weiteren unerwünschten Besuchen durch den Herrn des Hauses, blieb ich in dieser Vollmondnacht verschont. Ich beruhigte mich etwas. Innerlich. Vielleicht war ja doch alles gar nicht so schlimm. Wolfgang würde morgen bestimmt freundlicher zu mir sein. Falls alle Stricke reißen sollten, würde ich mich wieder in den Zug setzen und nach Hause fahren. Die Rückfahrkarte blieb uneingeschränkt gültig. Das hatte ich bei der Abfahrt extra so geregelt. Für den Fall der Fälle. Es lag in meiner Hand, aus Bossenborn abzureisen. Das glaubte ich zumindest. Woher hätte ich wissen sollen, dass es aus der Hölle niemals eine Rückfahrkarte gibt? Still verharrte ich in meinem Zimmer, nachdem ich mich angezogen und hergerichtet hatte. Bestimmt würden Wolfgang und Mechthild mich gleich zum Frühstück rufen. Ich hielt es für sinnvoll, stillschweigend abzuwarten. Einen flüchtigen Blick aus dem Fenster warf ich. Das Frühjahr stand in den Startlöchern. Es war noch diesig über den Feldern, der Nebel zog nur langsam davon. Einen schönen, sonnigen Tag würde es geben, glaubte ich. Vielleicht wäre es möglich, die Gegend ein wenig zu erkunden. Zu gerne hätte ich gewusst, wie die Menschen auf dem Dorf lebten. An die üblen Geschichten dachte ich, in denen es hieß, die Dorfmenschen, die sogenannten Einsiedler, wären die Schlimmsten unter den menschlichen Kreaturen. Inzucht, Cousin heiratet Cousine und all solche Schauermärchen. Aus dem Fenster meines Gästezimmers ließen sich lediglich die Felder erblicken. Der Blick zur Straße blieb mir verborgen. Ein paar Krähen erhoben sich mystisch aus den Ästen der Bäume. Weit schlugen sie ihre Flügel dem Wind entgegen, nutzen seinen Auftrieb und flogen geheimnisvoll in das Morgengrauen. Für einen Augenblick dachte ich an meine Mutter. Krähen bezeichnete Mutter als die Totbringer. „Es ist besser Maria, wenn dir keine dieser schwarzen Viecher begegnen! Sie sind die Vorboten des Todes! Sie werden dich holen! Halte dich fern von ihnen!" Innerlich lächelte ich ein wenig. Fand diese Absurditäten meiner Gedanken belustigend. Meine Mutter hatte so viele komische Dinge gesagt. Ganz bestimmt lag es an ihrer beginnenden Demenz. Die Anzeichen wollte nur niemand wahrnehmen, am allerwenigsten ich selbst. Zu sehr war ich mit meinen eigenen Problemen beschäftigt. Der Seelenkummer, wie er doch an den Menschenseelen nagt. Wie hungrige Krähen oder Aasgeier, welche die sterblichen Überreste eines krepierenden Menschen aufpicken. Wenn du depressiv oder psychisch angeschlagen bist, kannst du ihnen nicht entkommen. Sie holen dich. Eines Tages! In dem Punkt hatte meine Mutter Recht.

Kapitel 5

Alltag in Bossenborn

„Maria! Frühstück! Kommst du?“ Mechthilds Stimme riss mich aus meinen Gedanken. Das Klopfen an der Tür ließ mich aufschrecken. „Darf ich vorher noch ins Bad?“ fragte ich vorsichtig. „Klar!“, ertönte es hinter der Tür. Mechthilds Stimme war freundlich, ihre Tonlage warm und sanft. Ich mochte Mechthild sehr. In ihr sah ich eine Art große Schwester. Das war erstaunlich, obwohl wir doch so wenig voneinander wussten. Sie hatte einen festen Platz in meinem Herzen eingenommen. Vorsichtig öffnete ich die Tür und Mechthild reichte mir grinsend einen Stapel von Handtüchern entgegen. „Hier, für dich. Zum Duschen!“ „Danke!“ Freudig nahm ich die Handtücher und schritt gutgelaunt über den Flur zum Badezimmer. Eine wohltuende Dusche, wie sehr freute ich mich, endlich das warme Wasser auf meiner Haut zu spüren. Nach dem Entkleiden meines Körpers, nahm ich den Duschvorhang beiseite, schritt zögerlich auf die glitschigen Fliesen und dachte bei mir: *„Bloß nicht ausrutschen, Maria!“* Das Badezimmer war weiß gefliest. Große, blitzblankgewienerte Kacheln strahlten mich verheißungsvoll an. Einige lustige Delfine klebten auf ihnen. Sie luden zum Verweilen in der Badewanne ein. Auf dem Rand der Wanne standen einige bunte Teelichter. Welch ein besinnlicher Ort. Bei mir daheim gab es nur eine Dusche und mein letztes Badewannenerlebnis lag Jahre zurück. Vielleicht dürfte ich in den nächsten Tagen baden, wenn ich Mechthild freundlich darum bitten würde. Ja, das würde ich tun. „Na, wie hat unsere kleine Nonne geschlafen?“ Wolfgangs Begrüßung fiel an diesem Morgen besonders schnippisch aus. Meine Hoffnung, dass unser Verhältnis zueinander ausgewogener werden würde, begrub ich zähneknirschend. Gut, also würde ich mich ihm fügen. Die verbalen Demütigungen über mich ergehen lassen. Eine andere Wahl blieb mir scheinbar nicht. „Sehr gut, vielen Dank!“, entgegnete ich freundlich. „Was bist du eigentlich immer so förmlich, Maria? Mensch, geh doch mal ein wenig aus dir heraus! Du bist ja wie ein Stockfisch! Völlig verklemmt! Mach dich mal locker! Also wenn ich dein Mann wäre, auf so eine Olle wie dich hätte ich auch keine Lust! Komm mal raus aus deinem Schneckenhaus!“ Ich schwieg zu Wolfgangs Worten. Ja, ich war eine graue Maus und würde es wahrscheinlich auch bleiben. Ich seufzte, der Appetit war mir vergangen. Während Mechthild mir die Schale mit den Brötchen reichte, winkte ich dankend ab. „Nein, danke! Erst einmal nur Kaffee bitte!“ Mechthild nickte höflich. „Gut, wie du möchtest, Maria!“ „Gut, wie du möchtest, Maria“, äffte Wolfgang Mechthilds Worte nach. „Du bist doch genauso verklemmt!“, schimpfte er ihr hinterher, als sie in die Küche verschwand, um die Kaffeekanne zu holen. „Weiber!“ Wolfgang schüttelte verächtlich den Kopf. „Naja, sie macht wenigstens die Beine breit, wenn ich das möchte!“, schob er seine gemeinen Worte hinterher und machte eine obszöne Handbewegung. „Wirst du das auch tun, wenn ich es von dir verlange, Maria?“ Ich schluckte, zuckte unschuldig mit den Schultern und blickte beschämt auf meinen Teller. „Naja, wir werden dich schon in Stimmung bringen!“ Wolfgang lachte leidvoll. Nach dem Frühstück führte mich Mechthild in ein Zimmer. Es sah aus wie ein Büro. Eine Bibliothek. Viele Bücher reihten sich in mehreren Holzregalen, die prollig wirkend entlang der Zimmerwand aufgestellt waren. Alle fein säuberlich, der Größe nach, sortiert. Ein schwerer Eichentisch, umrandet von zwei Stühlen, stand in der Mitte des Zimmers. Die Stühle einander gegenüber. Einer vor, der andere hinter dem Tisch. „Setz dich!" Mechthild wies mir einen Stuhl zu. Wolfgang betrat das Zimmer, nachdem ich mich zögerlich auf einen der mit samtstoffbezogenen Stühlen niederließ. Setzte sich mir gegenüber. Ich kam mir vor wie im Büro eines Rechtsanwalts. Einmal war ich bei einem gewesen. Ein Autofahrer hatte mich auf dem Rad angefahren. Es ging um Schmerzensgeld, bei dem Sturz hatte ich mir einen Rippenbruch zugezogen. Das Zimmer, der Tisch und die Stühle waren ähnlich wie in der Kanzlei des Anwalts, der mir damals zu meinem Recht verhalf. Irgendwie hatte diese Situation für mich etwas von der einer Anklage. Während ich Wolfgang gegenübersaß, kam ich mir tatsächlich vor wie auf der Anklagebank. Mechthild schleppte sich einen Stuhl aus der Küche herbei und setzte sich schnaufend neben mich. Kurzatmig war sie. Allerdings positionierte sie sich etwas abseits von mir entfernt. In den Abstand zwischen uns hätten noch gut zwei weitere Stühle gepasst. „Als Mechthild zu mir kam, war sie genau wie du!", begann Wolfgang überschwänglich seine Rede, oder sollte ich es Predigt nennen? „Sie war eingeschüchtert! Ein stilles, graues Mäuschen! Keine sexuellen Erfahrungen vorher, keine Männergeschichten, keine Sexorgien, keine ausgefallenen Fantasien, nix! Wir lernten uns im Internet kennen und ich lud sie ein. Hierher zu mir und sie erzählte, sie hätte große Angst vor Männern, sehne sich aber nach Liebe und Zuneigung. Das ist eine schlechte Kombination, Mädels!" Wolfgang machte eine Pause. Herausfordernd blickte er von der einen zur anderen

Frau. Mit der Zunge fuhr er akribisch über sein Pferdegebiss. „Und, konnte ich dir helfen, Mechthild?“ Mechthild nickte. „Ja!“, sagte sie lapidar. Überzeugend klang das für mich nicht, es schien eher, als hätte man ihr die Antwort in den Mund gelegt. „Auch du hast in unseren Chatgesprächen von Liebe gesprochen, Maria! Wie sehr du dich nach Zärtlichkeit sehnst, stimmt's?“ Ich nickte. „Ja!“, antwortete ich. „Maria, hast du schon mal einen Porno angesehen?“ „Nein!“, beantwortete ich Wolfgangs Frage rechtschaffend. „Hattest du jemals einen Orgasmus? Durch Selbstbefriedigung?“, durchwühlte Wolfgang bedrohlich meine Intimsphäre. „Wenn es einer war, als ich mich selbst streichelte, dann ja, ansonsten nein!“, stammelte ich unbeholfen. Ich versuchte mich an das Gefühl zu erinnern. „Warst du nass, als du es dir selbst besorgt hast?“ Wolfgang bohrte mit seinen Fragen gnadenlos weiter und rührte unbeirrt in meinen Erinnerungen herum. Wie ein Fleischermeister kam er mir vor, der lustlos Suppe kochen musste, anstatt den Tieren das Fell über die Rippen ziehen zu dürfen. Daran hätte er sichtlich größere Freude gehabt. „Ich war vielleicht feucht, aber ich war nicht nass!“, überlegte ich. „Gut, ich werde mir mal ein Bild davon machen! Wie kommst du in Stimmung, damit du Lust verspürst, es dir selbst besorgen zu wollen, Maria?“ Du meine Güte, das war eine Frage, die ich so aus dem Stehgreif gar nicht beantworten konnte. Eigentlich hatte ich überhaupt keine Lust, es mir selbst zu besorgen. Ich tat es generell nur höchst selten. Es schenkte mir keine wirkliche Freude. In Fahrt kommen? Tja, wie kam ich in Fahrt? Ich dachte an das Badezimmer und die Badewanne. Im Kerzenschein, mit wohltuendem Badeschaum, etwas romantischer Musik, da hätte ich vielleicht Lust bekommen, mich selbst zu streicheln. „In der Badewanne!“, prustete ich erleichtert. Ich war glücklich wenigstens diese Frage beantworten zu können, stand ich doch sowieso längst wie Frau Dämlich im Schussfeld von Wolfgang. „In der Badewanne? Ja wunderbar!“ Wolfgang lächelte zufrieden. Dann wirst du heute Abend ein schönes Bad nehmen und es dir selbst besorgen, in Ordnung?“ *Die Idee schien mir irgendwie absurd, aber auf ein wohltuendes Bad verspürte ich tatsächlich Lust, und vielleicht wäre ichwahrhaftig in Stimmung gekommen. Die Vorstellung. meine Brüste liebevoll streicheln, einseifen und abduschen zu dürfen, gefiel mir. Es war lange her, dass ich es mir selbst besorgt hatte…*

Wolfgang erlaubte Mechthild und mir einkaufen zu fahren, um die nötigen Dinge für mein Entspannungsbad am Abend zu besorgen. Mechthild bugsierte den alten klapprigen Kombi, mit mir auf dem Beifahrersitz, in die nahegelegene Stadt. Sie sprach wenig während der Fahrt. Es schien, als läge ihr etwas auf dem Herzen, das sie unbedingt loswerden wollte. Sie rückte mit der Sprache allerdings nicht heraus. „Alles in Ordnung?“, fragte ich schließlich, ich konnte mit meinen Gedanken nicht länger hinter dem Berg halten. Wenn Menschen traurig waren, wollte ich hinterfragen, was sie bekümmerte. Das lag in meiner menschlichen Natur. Ein mitfühlender Mensch war ich, nahm mir alles immer gleich zu Herzen. Mechthild sah erschrocken zu mir herüber, so, als hätte ich sie beim Lügen erwischt. „Jaja! Wieso meinst du?“, fragte sie erstaunt. „Du machst einen traurigen Eindruck!“ Eindringlich versuchte ich, ihr in die Augen zu schauen. Sie wich meinem Blick aus, strich sich mit fahriger Hand eine Haarsträhne aus dem Gesicht und fummelte am Knopf für das Autoradio herum. Sie wollte eindeutig von sich ablenken. „Hörst du lieber WDR2 oder 1LIVE?“ „Weder noch!“, sagte ich lasziv. „Wie? Du hörst keine Musik?“ Mechthild warf einen erstaunten Blick zu mir herüber. „Doch, aber kein Radio! Ich habe einen CD- Spieler zuhause. Ich höre nicht das, was gerade aktuell ist, sondern das, was ich mag! Ich mag sehr gern Gothic!“ „Aha!“ Mechthild drehte den Lautstärkeregler des Autoradios lauter, als der Weltsong von R.E.M vor sich hin dudelte „Losing my religion“. „That`s me in the corner...!“, sang Mechthild.

Kapitel 6

Selbstbefriedigung

Liebevoll platzierte ich die gekauften Kerzen um den Rand der Badewanne herum und ließ das Badewasser ein. Der Lavendelzusatz duftete äußerst wohltuend. Mechthild hatte mir ein Glas Sekt bereitgestellt. „Damit du wirklich einmal richtig entspannen kannst, Maria! Es ist ja ganz fürchterlich, zuhause keine Badewanne zu haben!“ Sie zwinkerte mir zu. Langsam ließ ich meine Hose an den Oberschenkeln hinuntergleiten. Aus meinem Kulturbeutel kramte ich einen Einwegrasierer. Meinen Intimbereich wollte ich rasieren, Diese schwarzen Haarbüschel um meinen Venushügel herum mochte ich nicht. Sie waren lästig. In meinen erotischen Träumen hatte ich oft darüber nachgedacht, dass es außerdem viel hygienischer wäre, wenn der Mann meinen Schamhügel leckte und sich seine Zunge nicht in einem Urwald aus Haaren verfing. Meinen Slip legte ich auf den kleinen

Haufen, zum Rest meiner zusammengelegten Kleidung, bis ich schließlich splitternackt im Badezimmer stand. Damit mich nichts in meiner Lust einschränkte, wie Wolfgang es ausgedrückt hatte, durfte ich die Tür abschließen. Es beruhigte mich ungemein, zu wissen, dass niemand hereinkommen würde. Während ich mich sachte in das warme Wasser hineinließ, schloss ich verträumt meine Augen. Herrlich war das, einfach wunderschön. Den Badeschaum verteilte ich sanft auf meiner nackten Haut, zunächst auf meinen Armen. Sachte rieb ich ihn hin und her und zerdrückte mit meinen Fingern die kleinen Luftbläschen. Dann nahm ich wieder eines der Schaumhäubchen aus dem Wasser, ließ es auf meine Finger gleiten und legte die kleinen Wölkchen kaum spürbar auf meinen Brüsten nieder. Verrieb sie mit den Fingerspitzen sanft um die Brustwarzen, sie waren hart wie Ebenholz. Erstarrt! Bereit waren sie, für die Liebkosungen. Der Lavendelgeruch benebelte meine Sinne. Ich dachte an Sex, an einen Menschen, der mich und meinen Körper begehren würde. Sein Gesicht konnte ich in meinen Bildern nicht erkennen. War es eine Frau? Ein Mann? Liebevoll umkreiste ich die Hügel meiner erogenen Zonen. Meine Brustwarzen standen prächtig, ihr leichter Zug gegen die Schwerkraft ließ mich innerlich erschauern. Leicht berührte ich sie wieder und wieder mit dem Schaum auf meinen Fingern, bis er schließlich wässrig wurde und seitlich an den Brüsten in das Badewasser glitt. Wie sanfte Regentropfen, die in einer Pfütze verschwanden. Langsam rutschte ich mit dem Körper tiefer ins Wasser hinein. So weit, dass lediglich meine Brusthügel und ihre Spitzen aus dem Wasser ragten. Nahm meine Hand und legte sie an den Hügel der

Lust. Es war, als würde ich tief in die Meeresgründe eintauchen. In meiner Fantasie gab es keine Grenzen, gedanklich war ich weit fortgereist. Das Wasser ist Ursprung allen Lebens und steht als das Symbol für Sex. Ich sehnte mich so sehr nach dem Meer, nach Freiheit. Den Salzgeruch einer wilden Brandung, ihn schmeckte ich auf meiner Zunge. Wenn ich mit einem Finger in den Hügel der Lust auf Entdeckungstour ging und die weichen Wände meines Inneren befühlte, so mundete er doch stark salzig, wenn ich ihn später an meine Nase hielt, um mein eigenes *Ich* inhalieren zu können. Salz und Wasser. Wieder und wieder tastete ich mich mit einem Finger vorsichtig und äußerst bedacht an meine Scheidenöffnung heran. Durch den Druck des warmen Wassers war sie angenehm weich geworden. Das Eindringen geschah wie selbstverständlich, ein sanftes Hineingleiten. Schmerzlos. Ein Finger, zwei Finger. Mit ihnen umklammerte ich den Scheidenhügel, ergriff ihn, so fest ich konnte. Ich baute in meiner Hand einen sanften Druck auf und ließ ihn wieder ab. In wiederkehrenden Wechseln genoss ich meine herbeigerufene Lust. Lust auf Befriedigung. Alles in mir schrie nach Verlangen, Begierde und sexueller Fantasie.

An dem Abend notierte ich später in meinem Tagebuch, dass ein wunderbarer, entspannter Tag hinter mir lag. Ebenso kritzelte ich in das Büchlein, dass ich endlich wieder Lust verspürte. Lust auf Sex. Nach langer Zeit und vielen Jahren funktionierte mein Kopfkino plötzlich hervorragend. Woran lag es? Weil ich meiner Seele und meinem Körper etwas Gutes tat? Indem ich meine Gelüste befriedigte? Machte das den Kohl wirklich fett?

Kapitel 7

Wahre Gesichter

Am nächsten Morgen wurde ich nach dem Frühstück von Mechthild direkt in Wolfgangs Büro verfrachtet. Zum Verhör, so kam mir die Angelegenheit vor. Wolfgang saß demonstrativ auf dem Stuhl, die Füße ruhten auf dem Tisch, er hatte sie lasziv übereinandergeschlagen! Unter seinen Schuhen positionierte ein Stock aus Bambus, als solchen glaubte ich ihn zumindest zu erkennen. Mir wurde flau im Magen. Was hatte Wolfgang mit mir vor? „Mechthild, du lässt uns bitte allein!“ Wolfgang machte eine abfällige Handbewegung in Mechthilds Richtung. Sie verließ ohne eine zweite Aufforderung den Raum, doch blickte sie sich noch einmal zu mir um, bevor sie die Tür öffnete und verschwand. In ihrem Blick standen Worte wie Entsetzen, Angst und Mitleid geschrieben. Warum konnte ich all diese schmerzhaften Dinge in ihren Augen und in ihrem Gesicht lesen? Mechthild schien eine Seelenverwandte zu sein, ich sah in ihr eine Verbündete. Wie sehr ich mich irrte, sollte ich später äußerst schmerzhaft erfahren. „So Maria! Jetzt reden wir beide Klartext!“ Nachdem Mechthild das Zimmer verlassen hatte, erhob sich Wolfgang, der Stuhl ächzte unter ihm. Ganz langsam trat er näher. Verdammt dicht an mich heran, zog seinen ekelhaften Bierbauch ein und streckte die Brust raus. Er wirkte wie ein aufgeblasener Elefant, der zum Angriff überging. Eine bedrohliche Körperhaltung, in mir bebte die pure Angst. Das bezweckte dieser Mensch wahrscheinlich genau auf die Art und Weise, wie er mit mir verfuhr und wie aufgeblasen er sich mir näherte. Wolfgang war ein Routinier. Dieser Mensch war kein Therapeut, aber ein durchaus erfahrener Meister auf seinem Gebiet. Welche Taten auch immer seine Gebiete umfassten, er war ein Profi. Seine Selbstsicherheit glich dem des Hauptdarstellers aus einem Horrorfilm. Die Bezeichnung Psychopath hatte eindeutig zu wenig Potential, um den angsteinflößenden Eindruck zu charakterisieren, den er auf mich ausübte. *Bleib ruhig, Maria! Nicht atmen. Schau ihm nicht in die Augen. Augenkontakt signalisiert stets Kampfbereitschaft.* Nervös guckte ich die Wände des Zimmers an. Fixierte ausgesuchte Eckpunkte und starrte nervös von einem Bild zum anderen. „Du hast uns eiskalt belogen!“, fauchte Wolfgang wütend. „Du bist weder Jungfrau noch sexuell unerfahren, du kleines dreckiges Miststück! Meintest wohl, mich an der Nase herumführen zu können, was?“ *Beinahe wäre ich vom Stuhl gefallen. Das war ja nicht zu glauben, was Wolfgang da von sich gab. Für einen Moment überlegte ich, ob ihn meine demente Mutter vielleicht angerufen hatte, oder aber Wolfgang meine Mutter im Pflegeheim. Doch was wusste meine Mutter schon von meinem Sexualleben? Außer, dass ich sie nicht zur glücklichen Oma machen konnte, wohl nichts. Nein, der blufft, Maria! Was treibt der für ein mieses Spiel, dieserUreckskerl?* „Ich habe keine sexuellen Erfahrungen!“, rechtfertigte ich mich kleinlaut, obwohl es in meinen Augen nichts zu rechtfertigen gab. „Nein?“ Wolfgang schmiss sich noch strammer in die Brust und trat noch näher an mich heran. Mir wurde heiß und kalt. „So notgeil, wie du dich selbst befriedigst, willst du mir doch nicht allen Ernstes erzählen, du hättest keine Erfahrung mit Männern!“ *Scheiße, der hat in seinem Badezimmer eine Videokamera installiert,* schoss es mir in den Kopf. *Was für ein dreckiges Schwein!* „Schöne Brüste hast du,

Maria! Einen wundervollen Körper, und du bist sehr geschickt mit deinen Händen! Ich freue mich darauf, bald ihre Bekanntschaft an meinem eigenen Leib erfahren zu dürfen!" Wolfgang lachte dreckig. „Heute Abend geht's los!" Er räusperte sich und nahm plötzlich den Stock vom Tisch, fuchtelte wildgestikulierend mit diesem durch die Luft. Direkt vor meiner Nase. *Du wirst nach Hause fahren, Maria! Sofort! Mir wurde bewusst, dass ich in der Hölle gelandet war. Plötzlich zogen grausame Bilder durch meine Gedanken. Von Zeitungsartikeln, die ich gelesen hatte, abartige Berichte über Menschen, die andere Menschen verstümmelten, sie umbrachten, ausweideten und letztendlich aufaßen. Niemals wollte ich glauben, dass es solche Menschen tatsächlich gibt, wenn ich über ihre Geschichten in der Boulevardpresse stolperte. All die widerlichen Artikel über irgendwelche Mörder aus dem Internet. Internetbekanntschaften, die zum Tod führten. Verstümmelte Leichen, aufgefunden im Wald. Ich glaubte seit jeher, mir könnte so etwas nicht passieren! Mein Kopfkino signalisierte mir nur noch eines: FLUCHT!*

„Ich werde euch nicht weiter belästigen und auch nicht belügen! Ich packe meine Sachen und fahre nach Hause!" Diesen Satz über meine Lippen zu bringen, kostete mich größte Überwindung. Ich hielt ihn in Anbetracht meiner Lage jedoch für lebensnotwendig. Zwar hatte ich weder gelogen, noch irgendjemanden belästigt, Wolfgang und Mechthild hatten mir freiwillig angeboten, bei ihnen einige Tage zu verbringen, aber den Rückzug, den musste ich antreten. Egal wie, sofort! Wolfgang seufzte laut. Er hatte bereits Position hinter meinem Stuhl bezogen und plötzlich legte er seinen Arm um meine Kehle. „Zum Abreisen ist es jetzt zu spät, Madame! Wer meint, uns belügen zu müssen, der hat hier ganz schlechte Karten! Aber sowas von! Heute Abend wirst du mir mal zeigen, was du drauf hast! Haben wir uns verstanden, Zuckerpuppe? Und wenn du gut bist, dann lasse ich dich vielleicht nach Hause fahren!" Die Schlinge seines Armes legte sich fester um meinen Hals. Ich bekam Luftnot. „Bitte!", stammelte ich röchelnd. „Nix bitte! Jetzt ist Schluss mit Lustig! Hast du das verstanden? Wenn ja, dann nicke einmal. Falls nicht, breche ich dir sofort dein Genick!" Entsetzt nickte ich. Wolfgang lockerte den Griff. „Na siehst du, geht doch!" Wolfgang ließ mich los und brüllte im selben Moment nach Mechthild. „Mechthild!" schrie er herrisch. Als sie zur Tür hereinkam, erkannte ich in ihren Augen, dass sie genau wusste, welches miese Spiel Wolfgang mit mir spielte. Sie war lediglich eine Sklavin dieses Mannes, eine Unterwürfige. Sonst nichts, nichts anderes! Zwischen den beiden gab es keine Liebe. Sie waren wahrscheinlich auch kein verheiratetes Pärchen und schon gar keine Therapeuten. Wolfgang war ein krankes, perverses Schwein und Mechthild eine Art Handlanger von ihm. Die Falle hatte zugeschnappt und ich saß in ihr. Gefangen, mittendrin. Auch mich würde Wolfgang zu einer Sklavin erziehen, mutmaßte ich ängstlich. Zumindest schien dies sein grausamer Plan zu sein, dessen war ich sicher. Es ging in diesem Spiel nur um ihn, nicht um mich. An dem Videomittschnitt aus dem Badezimmer, während meiner Selbstbefriedigung, hatte er sich garantiert aufgegeilt und sich einen runtergeholt. Ein Lüstling, der Frauen aus dem Internet anlockt, um sie sexuell auszubeuten. Ahnungslose, hilflose Opfer, kleine Dummchen zog er sich an Land. Graue Mäuse, so wie ich eine war. Ich war hergekommen, weil ich auf Freundschaft und intellektuellen Austausch hoffte, und jetzt wurde mir plötzlich bewusst, dass ich in der Hölle eines Irren gelandet war. In der Hölle von Bossenborn. Wahrscheinlich würde Wolfgang mich umbringen, nachdem er mich ausgeweidet hatte. Man kann Menschen auch psychisch ausweiden, ohne sie gleich umzubringen. Das ist genau das, was Sadisten tun. Wolfgang war wahrscheinlich einer. Mir wurde schlagartig klar, warum ich sein Sperma probieren sollte. Er würde verlangen, dass ich ihm einen blasen sollte. Früher oder später würde er mich dazu zwingen. Weil er glaubte, dass ich keine Erfahrung hinsichtlich sexueller Praktiken hatte, wollte er sichergehen, dass ich in der Lage war, sein Sperma zu schlucken, wenn ich seinen Penis zum Samenerguss blies. Wie durchtrieben Wolfgang doch war! Ich beschrieb ihn nicht zu Unrecht als einen Profi auf seinem Gebiet und hatte ihn sofort durchschaut. „Na, was denkst du jetzt über mich?“, fauchte Wolfgang und seine Augen funkelten furchteinflößend böse. Er durchbrach mein trauriges Gedankenspiel jäh. „Dass du gar kein Therapeut bist!“, wimmerte ich leise. „Richtig! Der Kandidat hat hundert Punkte! Mechthild, los! Schaff sie mir aus den Augen! Ich werde mich heute Abend weiter mit ihr beschäftigen!“ Wolfgang verließ den Raum, in seiner Hand hielt er den Rohrstock. Er lachte ein Lachen voller Wahnsinn, es hallte durch den Hausflur und mir graute es. Ich spürte den Brechreiz in mir aufsteigen, konnte ihn nicht mehr zurückhalten und erbrach mein Frühstück schließlich über den Teppichboden. Der Krampf schüttelte meinen Körper und ich gab glucksende Geräusche von mir. „Pssst! Sei doch nicht so laut! Wenn

Wolfgang diese Sauerei hier sieht, wird er dich erschlagen! Er schlägt dich tot!“ Mechthild flüsterte, ihre Worte waren kaum verständlich. Jedoch begriff ich den Ernst der Situation, den Ernst meiner Lage. Wer sollte Wolfgang besser kennen, als Mechthild, seine rechte Hand? Ich nahm mich so gut es ging zusammen und versuchte, mir etwas Schönes vorzustellen, um den Brechreiz zu unterdrücken. Dachte an den blauen Himmel und einen wunderbaren, wärmenden Sonnenschein. Eine grüne Wiese voller Blumen. Wieder und wieder schüttelte er meinen Bauch, der Reiz, mich erbrechen zu müssen. Gnadenlos. „Was macht ihr denn da noch so lange? Los, bring die kleine Nonne endlich auf ihr Zimmer!“ Wolfgangs Schritte, die sich zunächst auf dem Flur entfernt hatten, kehrten plötzlich zurück. Bedrohlich. Zügig kam er näher. Er, das Monster. Mechthild hob blitzschnell den Teppichboden ein Stück an und zog ihn über mein Erbrochenes. „Wenn er das sieht! Die Schweinerei! Los, steh auf, komm!“ In Eile folgte ich den Anweisungen und torkelte neben Mechthild über den Flur. Vorbei an Wolfgang, der schien nichts bemerkt zu haben. Dabei stank meine Kotze fürchterlich und mir wurde erneut schlecht, allein durch den Gestank meines Mageninhalts. Ich stolperte zu meinem Zimmer. Mechthild hielt mich am Arm. Sie schleppte mich entschlossen über den Flur, der endlos schien. „Wenn ich so eine erbärmliche Lügnerin wäre wie du es bist, würde ich mich auch an Mechthild festklammern!“, grunzte Wolfgang, als wir ihn passierten. Mir war so unheimlich übel. Mechthild schob mich unsanft ins Zimmer hinein. „Bis heute Abend muckst du dich besser nicht, Maria, Sonst verfrachtet er dich wahrscheinlich in den Keller!“, flüsterte sie ermahnend. „Hat er dich auch…?“ Ich konnte den Satz gar nicht zu Ende bringen. Mir fehlten die Worte für das, von dem ich glaubte, dass es mir noch bevorstünde. Mechthild nickte. „Im Keller sind Ratten! Es gibt kein Licht und es ist bitterkalt! Rühr dich nicht, dann ist alles gut!“ „Was ist Wolfgang?“, fragte ich kleinlaut. Ich wusste gar nicht, wie ich die Frage formulieren sollte. Die Frage, auf die es nur Antworten gab wie: „Ein Tier“, oder „Eine Bestie“. Ob Mechthild meine Frage verstanden hatte? Ich glaubte nicht, jedoch wollte ich die Antwort hören. Von ihr! Gewissheit wollte ich haben, dass auch sie Wolfgang als einen irren Psychopathen titulieren würde, wenn ich eine Antwort forderte.

Kapitel 8

Die Hölle kommt näher

Während ich in meinem Zimmer auf das wartete, was passieren würde, blickte ich traurig aus dem Fenster. Die Krähen! Sie waren überall. Sie warteten ebenfalls! Auf mich und auf meine Seele. An die Worte meiner Mutter erinnerte ich mich. „Krähen bringen den Tod! Als sie Sophie erschlagen haben, war der Hof ihrer Familie voller Krähen! Ich habe sie gewarnt! Die Menschen! Aber auf mich wollten sie nicht hören!“ Ihre Stimme zu dem nahenden Unheil blieb mir unvergessen. Ich dachte an Mechthild. In ihr glaubte ich eine Verbündete zu sehen, sie war ein Teil von mir und meiner Seele. Sie war dasselbe Opfer wie ich. Ihrer Seele beraubt worden durch den gleichen Täter. Verdammt waren wir. Verdammt, in der Hölle auszuharren, welch furchtbares Schicksal.

Warum ging sie nicht fort? Was hielt sie bei diesem verrückten Mann, für den der Ausdruck Bastard ein Kompliment zu sein schien? Mich würde so schnell niemand vermissen, weil gar niemand wusste, wo ich hingefahren war. Also würde auch niemand nach mir suchen. Was war mit Mechthild? Hatte sie keine Familie oder Freunde? Ich konnte mir nicht vorstellen, dass sie aus freiem Willen bei Wolfgang verweilte. Keine Frau der Welt würde freiwillig bei solch einem Psychopathen ausharren. Mir blieb nichts anderes übrig als mich meinem bevorstehenden Schicksal zu fügen. Vorsichtig berührte ich den Griff meiner Zimmertür, sie war zugesperrt. Kein Ausweg und keine Hoffnung. Gefangen in der Hölle war ich. Ich wollte weinen. Es kamen keine Tränen. Der Abend dämmerte und es wurde dunkel im Zimmer. Regungslos geradezu wie versteinert saß ich auf meinem Bett und rührte mich nicht. Wartete, blickte abwechselnd auf meine Armbanduhr, scannte dann wiederum das Zimmer ab. Instinktiv suchte ich nach Überwachungskameras. Einige kleine Löcher befanden sich in den schlecht verputzten Zimmerwänden. Ich getraute mich nicht, näher hinzusehen. Falls Kameras in den Wänden lauerten, könnte Wolfgang jede meiner Bewegung überwachen. Übermannt von Fassungslosigkeit und Angst wurde ich. Es gibt nichts Schlimmeres als die Angst vor der Angst. Ich glaubte nahezu, wahnsinnig aufgrund meiner eigenen Ängste zu werden. Vor Jahren hatte ich mit Panikattacken zu kämpfen gehabt. Ich wusste um ihre Grausamkeit, sie waren mein täglicher Begleiter gewesen. Es war die Hölle, sie wieder loszuwerden. Mich von ihnen zu befreien. Als ich meine Arbeitsstelle verlor, peinigten mich diese Ängste Tag und Nacht. Verlustängste,

Zukunftsängste und Überlebensängste. Plötzlich wurde ein bekritzeltes Blatt Papier unter dem Türschlitz meines Zimmers hindurchgeschoben. Beinahe lautlos. Neugierig erhob ich mich vom Bett und nahm es auf. *Zieh dich komplett aus! Dann erhältst du weitere Anweisungen!* stand in einer Krickelschrift geschrieben, die des einen kleinen Kindes glich, das soeben in der Schule die Buchstaben gelernt hatte. Mich zu weigern, wäre garantiert zwecklos gewesen. Ich war im Zimmer eingesperrt. Aus dem Fenster zu springen wäre eine Möglichkeit gewesen, aber diese hätte ich vielleicht mit meinem Leben bezahlt. Darüber nachgedacht hatte ich kurzweilig, hielt es jedoch für keine gute Idee. Also schlüpfte ich aus den Schuhen, zog meine Hose hinunter, nahm meine Beine aus dem Slip und legte Hose und Slip ordentlich auf mein Bett. Ich spürte, wie sehr ich zitterte. Meine Beine waren wie Wackelpudding. Ich knöpfte die Bluse auf, zog auch diese aus und legte sie zu meiner übrigen Kleidung. Dann öffnete ich den BH und ließ ihn herabgleiten. Die Härchen auf meinen Armen standen senkrecht, ich fror. Aus Angst und vor Scham. Ich dachte daran, heimlich beobachtet zu werden. Durch kleine Spione in den Wänden. Ich glaubte mich plötzlich von allen Seiten verfolgt und legte meine Arme schützend über meine Brüste. Überlegte, ob ich sie nicht besser vor meinen Intimbereich legen sollte. Was war richtig, was war falsch? Ich beließ sie vor meinen Brüsten gekreuzt. Die Tür öffnete sich, ich wagte nicht zu atmen. Sie öffnete sich so langsam, dass ich glaubte, noch von meinem eigenen Herzschlag erschlagen zu werden, bevor sich mir das Gesicht hinter der Tür offenbarte. War es Mechthild? War es Wolfgang? Wer von ihnen würde kommen, um mich zu holen? Vielleicht kam sogar jemand völlig Fremdes. Was wäre mir lieber gewesen? Ich schloss die Augen, senkte den Kopf und drückte die Arme fester gegen meine Brust. Atmete nicht und hoffte, mein Zittern würde die in mir tiefsitzende Angst meinem Peiniger nicht verraten. Sadisten erfreuen sich an Ängsten derer, die sie peinigen. Es ist, als würden sie Blut lecken. Je mehr sie davon bekommen, desto größer werden ihre Gelüste. Ich unterdrückte meine Angst so gut ich konnte, doch mein Körper pumpte immer mehr Adrenalin in meine Adern. Wolfgang war ein blutrünstiges Tier, ich war mir sicher er würde sie riechen, die Angst und mein überschäumendes Adrenalin. *Woher weißt du, dass er ein Tier ist, Maria? Mein Instinkt! Dieser hat es mir prophezeit. Als ich Wolfgang in seine tiefschwarzen Augen blickte, konnte ich für einen kleinen Augenblick bis in die Tiefe seiner Seele hineinblicken. Was ich sah war schwarz und düster. So finster, wie das Fegefeuer in der Hölle.* Ich öffnete meine Augen nicht. Spürte ihn aber. Einen Menschen, den für mich Unbekannten. Er war in das Zimmer getreten, fast lautlos. Einen Fuß vor den anderen setzend, unmerklich. Ich spürte, wie er blutrünstig um mich herumstolzierte und mich fixierte. Mich anstarrte und wie er sabbernd mit der Zunge über die Lippen leckte, meine Arme ergriff und sie langsam beiseite nahm. Niemand sprach. Meine Arme haltend, atmete die unbekannte Kreatur merklich schwer. Ein Stöhnen. Vor Begierde? Vor Lust? Mein Atem rasselte schneller, ich konnte das Luftanhalten nicht länger unterdrücken und öffnete die Augen. Ich blickte in eine schwarze Ledermaske, die das Gesicht meines Peinigers verdeckte. Lediglich Augenschlitze und ein Mundschlitz wurden freigegeben. Ich erschrak. Er war mir so nah, stand unmittelbar vor mir. Immer noch meine Arme haltend, blickte er auf meine Brüste. Ich konnte die Augenbewegungen hinter den Schlitzen in den Öffnungen der Maske verfolgen. Er ließ meine Arme los und zog aus der Hosentasche eine schwarze Schlinge. Sein Oberkörper war nackt, die Brust behaart, wie die eines Affen. Die Haare zogen sich vom Bauch zur Brust bis über die Schultern. Die körperliche Statue und der dickliche Bauch verrieten ihn. Ihn, meinen sadistischen Peiniger. Wolfgang. War ich erleichtert, dass es niemand Fremdes war, der sich an mir verging? Was war grauenvoller? Seinen Peiniger zu kennen, oder unwissend zu sein, wem man in die Hände fiel? Beides war barbarisch, entschied ich. Er legte die Schlinge über meine Augen und zog sie hinter meinem Kopf stramm zusammen. Dann nahm er meine Hände und knotete sie mit einem dünnen Seil, welches er ebenfalls aus der Hosentasche hervorzog, auf meinem Rücken zusammen. „Lass dich von mir führen!“ Wolfgang dirigierte mich. Wir verließen das Zimmer und er hielt meine Arme so fest, dass mich sein Griff schmerzte. „Mechthild, besorg das Tape! Ich will nicht, dass unsere kleine Freundin spricht, während ich mich mit ihr beschäftige!“ Ich glaubte, wir gingen über den Flur. Verlor dann jedoch die Orientierung, als es zwei Treppenabsätze hinunterging. Beinahe wäre ich gefallen, denn Wolfgang hatte nicht angedeutet, dass Stufen zu bewältigen waren. Gnadenlos und brutal schob er mich vor sich her. Wohin auch immer wir gingen. In mein Gefängnis, in eine Folterkammer? In den Keller, die Garage oder in sein Büro? Um mich herum nichts als Dunkelheit. Der Gedanke, dass mir der Mund obendrein zugeklebt werden sollte, versetzte mich in regelrechte Panik. Ich wimmerte, jammerte, weinte und zitterte. „Weiter! Nicht schlapp machen!“ Wolfgang lachte hämisch über mein Gejammer. Plötzlich hielt er mich fest. „Wir sind da!“, sagte er barsch, nahm meinen Kopf und drückte ihn herunter. „Setzen!“ Mehr oder weniger plumpste ich unsanft auf einen harten, metallenen Untergrund, den ich nicht genauer definieren konnte. Ein Stuhl war es nicht, die Lehne fehlte. Mein Herz schlug vor Furcht mir bis in den Schädel. Ich glaubte, er würde zerspringen. „Hinlegen!“ Wolfgang drückte meinen Oberkörper unsanft in die Waagerechte. Ich befand mich scheinbar auf einer Liege. Er winkelte meine Knie an und legte etwas, das sich wie Leder anfühlte, um meine Fußknöchel. Fußfesseln! Das Geräusch des Abreißens vom Tape vernahm ich. Es wurde mir grob über den Mund geklebt und daraufhin ein Gurt über meinen Bauch gespannt. Ich wurde fixiert. Bewegungslos war ich, hilflos. Mundtot. Meine Füße gespreizt, die Arme hinter meinen Kopf gelegt, die Hände gefesselt. Wehrlos. Machtlos. Wortlos. Eine Weile war es still. Ein Rascheln, ein Knistern und wieder Stille. Dann vernahm ich ein Geräusch, es klang, als würde jemand ein Messer wetzen, Klinge an Klinge. *Oh Gott Maria! Erst wird er dich vergewaltigen und dir danach die Kehle durchschneiden! Warum bist du bloß hergekommen? Was hast du dir dabei gedacht, dich mit fremden Menschen einzulassen? Menschen, von denen du nichts kennst, nichts weißt und denen du jetzt wehrlos ausgeliefert bist? Sie werden dich töten!* Plötzlich durchbrach ein lautes Geräusch die Stille, eine Motorsäge! Oh mein Gott! Der Typ ist ja völlig irre! *Den Film The Texas Chainsaw Massacre hatte ich vor einigen Jahren angesehen. Ich hätte beim Anschauen beinahe kotzen müssen. Nächtelang lag ich wach, fand keinen*

Schlaf, weil mich der Film emotional so sehr aufgerüttelt hatte. Beim Betrachten des Films glaubte ich, solche kranken Menschen würde es in der Gegenwart nicht geben. So etwas Widerliches dachten sich nur Drehbuchautoren aus.

Ich ruckelte an den Fesseln, zerrte mit meinen Armen, strampelte mit den Beinen. Ich wollte mich befreien. Ruhig liegenbleiben und abwarten, was mit mir geschehen sollte, das gelang mir nicht mehr. Nein, ich wollte nicht bei vollem Bewusstsein sterben. „Oh unser Fräulein kriegt Angst!“, schrie Wolfgang. Er musste mit seiner Stimme gegen das Geräusch der Motorsäge anschreien. Die Kettensäge näherte sich. Das Geräusch wurde bedrohlich lauter. Ich wimmerte und riss panisch den Kopf hin und her. Bäumte mich mit all meiner Kraft auf. Dann verstummte die Säge. Endlich. „Haha! Da hat aber jemand Angst gehabt, was?“, triumphierte Wolfgang. Ich hatte extreme Luftnot. Das Atmen war mir nur noch durch die Nase möglich. Die Öffnungen waren viel zu klein, für mein Ringen nach Luft. *Bitte lieber Gott, lass es schnell vorbei sein, betete ich.* Wolfgang schob mir einen stumpfen, kalten Gegenstand in meine Vagina. Rieb ihn hin und her, rein und raus. Er atmete schwer und stöhnte erregt. „Ja, das gefällt dir, was?“, schnaubte er. Ich glaubte, es war das stumpfe Ende eines Messers. „Weißt du, was ich hier in den Händen halte, Maria?“ Ich nickte. „Soll ich es mal umdrehen?“ Ich schüttelte den Kopf, wandte mich wieder aufgeregt hin und her und zerrte an meinen Fesseln. „Wenn ich es umdrehe, dann kann ich dir dein zartes Jungfernhäutchen durchtrennen! Du bist doch noch Jungfrau, oder?“ *Wenn ich mich selbst befriedigte, war mein Jungfernhäutchen sicherlich längst eingerissen. Das hätte Wolfgang wissen müssen. Warum fragte er mich derartige Dinge?* „Aber du hast uns ja belogen! Du bist ja gar keine Jungfrau mehr!“ Wolfgang steckte seine Finger in meine Scheide. Er wühlte in meinen Schleimhäuten herum. Grob, brutal und gefühllos. „Das Jungfernhäutchen ist längst weg! Ich habe genügend Erfahrung auf dem Gebiet! Da ist nichts mehr! Sonst würde ich es fühlen! Wolfgangs Stimme wurde wütend. „Ich hatte mich gefreut! Gefreut, dich zu entjungfern! Wenn du kleine Schlampe uns nicht belogen hättest, dann wärst du jetzt gar nicht hier! Ich will nur Jungfrauen hier haben, hörst du?“ Wolfgang war wie von Sinnen. Ich verstand seine kranke Denkweise nicht. Nahm nur den bedrohlichen Zorn in ihm wahr. Dieser machte ihn scheinbar zu einer unberechenbaren Bestie. Seine Schizophrenie erkannte ich nicht. War er überhaupt schizophren? Was wusste ich schon von all diesen psychologischen Dingen? Dass Wolfgang nicht normal war, das musste mir jedenfalls niemand mehr erklären. Das hatte selbst ich mittlerweile verstanden, obwohl ich des Öfteren auch mal etwas begriffsstutzig war. Wolfgang fummelte einige Male an der Liege herum, auf der er mich fixiert hatte. Er atmete immer noch äußerst beschwerlich. Meine Beine wurden mechanisch an den Seiten heruntergelassen. Wie auf der Liege eines Frauenarztes lag ich. Scheinbar konnte Wolfgang die Liege mithilfe einer Fernbedienung in beliebige Stellungen positionieren. Leise Summtöne verrieten es mir. Dann verging Wolfgang sich an mir. Seinen Penis fühlte ich in meiner Scheide. Er tat es ohne jegliche weitere Vorwarnung. Drang heftig in mich ein und bewegte sich mit seinem Penis in meiner Scheide, wie ein wildgewordenes Tier. Ich glaubte, ein Affe aus dem

Zoo hätte mich liebevoller gefickt, als Wolfgang es tat. Die Enttäuschung brach gnadenlos über mich herein. Hatte ich doch am Anfang unseres Kennenlernens gedacht, ich hätte mich ein wenig in Wolfgang verliebt, so wurde ich jetzt durch die brutale Art seines Vorgehens bitter enttäuscht. Es war pervers, aber ich dachte in dem Moment meiner Vergewaltigung an die liebevolle Art, mit der Wolfgang mich um den Finger gewickelt hatte. In meinen Träumen hatte ich durchaus daran gedacht, mich mit ihm sexuell einzulassen, mich von ihm verführen und leiten zu lassen. Lange, bevor ich nach Bossenborn reiste. Ich glaubte, Wolfgang wäre ein gefühlvoller und zärtlicher Verführer. Die Freude saß tief in meinem Herzen, die Freude, mein erstes Mal in romantischer Stimmung erleben zu dürfen. Bei Kerzenschein. Vielleicht ein Candlelight Dinner vorweg. Meine Gedanken sprachen von Liebe und Begehren. Niemals hätte ich an Vergewaltigung und Missbrauch gedacht. Diese Erfahrung machen zu müssen, war erniedrigend und pervers. Ich war ein Stück Fleisch, ein Stück „Etwas", das lieblos und dreckig behandelt wurde. Zu meinem Glück ging es schnell und Wolfgang spritzte zeitig ab, zog seinen Penis jedoch vorher zurück. Mein erstes Mal hatte ich mir in der Tat anders vorgestellt. Die Romantik fehlte. Das Vorspiel ebenso. „Das war heute nur ein Test! Ich wollte wissen, wie du dich ficken lässt! Und wie du dich verhältst, wenn du Angst hast! Ich mag Frauen, die Angst haben! Die ficke ich besonders gern! Es macht mir großen Spaß! Sie müssen schreien vor Angst! Das können sie aber nicht, weil ich ihnen den Mund zuklebe! Ihr Geschrei macht mich nämlich nervös! Dann kann ich euch doch nicht mehr befriedigen! Mein Schwanz steht nicht, wenn ihr schreit, hörst du!" Hastig nickte ich. „Hat dir das gefallen, heute?“ Wolfgang fuhr mit seinen Fingern über das Tape, das meinen Mund zum Schweigen verdonnerte. Er legte sein kratziges Gesicht an mein Ohr. „Hat es dir gefallen?“, hauchte er. Ich nickte. Tränen füllten meine Augen. Er küsste meine Brustwarzen und ich spürte, wie er sich über mich beugte. Sein Schmierbauch berührte meinen Unterleib. Um mit seinem Mund an meine Brüste zu gelangen, musste er seinen Bauch fester auf meinen drücken. Er bewegte sich hastig. Ich glaubte, unter seinem Gewicht zerquetscht zu werden. Er rutschte von mir runter, positionierte sich seitlich von mir. Sein schwabbeliger Bauch verschwand von meinem Körper. Endlich konnte ich wieder durchatmen. Seine Küsse jedoch blieben. Er sabberte. Es waren nasse, ekelhafte Brustküsse, die er austeilte. Mir schien, als sammelte er bewusst alle Spucke, die er auftreiben konnte, in seinem dreckigen Schlund, um die ekelhafte Suppe über meine Brüste zu ergießen. Er benässte meine Nippel regelrecht. Der Rotz lief aus seinem Mundwinkel. Er nahm die Zunge hinzu. Fuhr mit ihr in Kreisen um meine Brustwarzen. Ich spürte das Leder auf meiner Haut. Das Leder seiner Maske. Die hatte er nicht abgenommen. Immer wieder streifte sie empfindliche meine Gesichtskonturen. Einige scharfe Kanten schnitten sich unbarmherzig in meine zarte Haut. Als ich spürte, wie sehr sich meine Brustwarzen unter Wolfgangs Liebkosungen aufrichteten, obwohl ich dagegen ankämpfte, dass sie es taten, wurde mir bewusst, welch ekelhaftes Spiel es war, das Wolfgang mit mir trieb. Die Mischung aus Lust und Angst erregte ihn mehr als alles andere. Ich wollte nicht von einem Sadistenschwein sexuell erregt werden! Meine Brüste streckten sich jedoch lustvoll diesem perversen

Menschen entgegen. Ich war machtlos gegen das Gefühl, das in mir aufstieg und welches tatsächlich an Lust erinnerte. Den aufsteigenden Brechreiz in mir fühlte ich ebenso. Bedrohlich und unaufhaltsam kam er näher. Mein Gott, ich musste ihn unterdrücken, unbedingt! Mein Mund! Oh Gott, er war zugeklebt! Ich würde ersticken! „Schau mal wie wunderbar deine Brustnippel stehen! Sie begehren mich, Maria! Wir beide werden noch eine Menge Spaß miteinander haben! Du bist fein zu erregen!“, stöhnte Wolfgang. Seine ekelhaften Zungenbewegungen nahmen rasante Geschwindigkeiten auf. Er biss in meine Brustwarzen, zog an ihnen, alles im Wechsel. Lecken, saugen, beißen, lecken, Zungenkreisen. *Mein Gott, es soll aufhören! Bitte!* Mein Bauch krampfte sich zusammen. Dann kam sie, die Fontäne meines Mageninhalts. Sie sprudelte gegen das Tape vor den zugeklebten Mund. Dieses ließ nichts hinaus. Die Kotze rutschte zurück in meine Speiseröhre und ich glaubte ersticken zu müssen. Ich hustete wild, dann wurde es schwarz um mich herum.

Kapitel 9

Gefangen

Als ich zu mir kam, lag ich in meinem Zimmer auf dem Bett. Dort, wo ich bereits zwei Nächte verbracht hatte, zwei Nächte in dem Horrorhaus. Meine Arme schmerzten und meine Beine fühlten sich an wie taub. Ich versuchte vorsichtig, sie ein wenig zu bewegen. Die Fesseln waren fort. An sie erinnerte ich mich. Was war passiert? War alles nur ein böser Traum? Ich lag nackt im

Bett. Meine Erinnerung hielt Einzug, ich hatte mich erbrechen müssen, während Wolfgang sich an mir verging. Mich vergewaltigte. Was war geschehen? War ich tot? Niemand außer mir war in dem Zimmer. Neben dem Bett stand ein Eimer, halbvoll mit Wasser gefüllt. Anscheinend ein Kotzeimer, falls ich mich noch einmal hätte übergeben müssen. Ein Glas Mineralwasser stand auf meinem Nachttischschrank. Erschöpft robbte ich zu dem Glas, bis ich es mit meiner Hand ergreifen konnte. Den Inhalt trank ich in einem Zug leer. Meine Kehle war wie ausgetrocknet, brannte wie Feuer. Ich blickte aus dem Fenster. Jegliches Gefühl für zeitliche Orientierung hatte ich verloren. War es nachts? War es mittags? Wie lange hatte ich geschlafen? Die Rollläden vor dem Fenster waren runtergelassen. Das Licht im Zimmer brannte, die Glühbirne der Nachttischlampe flackerte verdächtig. So, als wollte sie gleich den Geist aufgeben. Sollte ich aufstehen und die Rollläden ein Stück hochziehen? Nein! Besser ich rührte mich nicht. Ich hatte großen Durst, das Glas reichte nicht aus, um meinen trockenen Hals zu besänftigen. Er verlangte nach einer deutlich größeren Menge Wasser. Bitte! Wasser! Alles in mir schrie nach Flüssigkeit. Ich war wie ausgetrocknet. Scheinbar hatte ich mir die Seele aus dem Leib gekotzt. Wo war die Erinnerung an den Moment meiner Ohnmacht verblieben? Erschöpft plumpste ich ins Bett zurück, fühlte mich völlig ausgebrannt. Ich schloss meine Augen und schlief ein. Wirre Träume. Bizarre Bilder. Unruhiges hin und her Wälzen. Geistesblitze. Geräuschkulisse. Motorsägen. Messer, enthäutete Tiere. Schweine. Rinder. Tierschädel. Blut. Lachende Menschen tanzten um die Blutlachen geschächteter Tierkörper. Mir wurde schlecht. Im Traum wurde mir speiübel. Schnell, der Eimer! Der letzte Inhalt, der irgendwo ganz tief in meinem Magen schlummerte, bahnte sich den Weg nach draußen. Gnadenlos fuhr er mit rasanter Geschwindigkeit durch die Speiseröhre in meine Mundhöhle hinein. Ich drehte mich geistesgegenwärtig seitlich, und erbrach die Fontäne zielgenau in den Eimer neben meinem Bett. Ich spürte, mein Magen hatte alles an Inhalt der letzten zwei Tage hergegeben und ausgekotzt. Ende! Da war nichts mehr. Erneut jammerte ich nach Wasser, denn ich glaubte zu verdursten. „Wasser!“, rief ich leise. „Wasser! Bitte! Wasser!“ Nichts geschah, nichts regte sich. Diese Stille, wie ausgestorben. Vielleicht waren meine Peiniger gar nicht mehr im Haus? Vielleicht waren sie fort? Zum Einkaufen? In die Stadt gefahren? Oder schliefen sie? Ich fantasierte, mein Zustand war bedenklich. Mein Körper beinahe ausgetrocknet durch den großen Flüssigkeitsverlust. Ich verlor erneut das Bewusstsein.

Etwas Kaltes spürte ich auf meiner Stirn. Erschöpft öffnete ich die Augen, Mechthild. Sie saß auf der Bettkante. Sie tupfte einen Waschlappen auf meine Stirn. Sie lächelte. „Wo… wo?“, japste ich. „Pssscht! Keine Angst! Er ist fort, wir sind allein!“ Innerlich spürte ich Erleichterung. Erleichterung, zu wissen, dass mein Peiniger außer Reichweite und ich somit zunächst in Sicherheit war. Die Anspannung entwich aus all meinen Körperfasern. „Er wird wiederkommen!“, flüsterte Mechthild. In ihren Augen erkannte ich Furcht. Ich glaubte, Furcht zu erkennen, dabei war es pure Berechnung. Mechthild zog die Augenbrauen hoch und legte den Kopf schief. Ihr Blick schweifte über meinen Kopf hinweg. Sie sah mir nicht in die Augen, sie konnte es nicht, glaubte ich. Immer wieder suchte ich ihren Blick. Ja ich verlangte den Augenkontakt zu dieser Frau, hungerte regelrecht nach ihm. Erschöpft griff ich ihre Hand. „Warum gehst du nicht fort?“, sprach ich leise. Meine Stimme klang zittrig und beschlagen. Jedoch war sie verständlich. Mechthild verstand mich genau, aber sie antwortete nicht. Sie saß einfach da. Stumm, wortlos und blickte starr an die Zimmerwand. Zwischendurch betupfte sie wiederholt mit dem Waschlappen meine Stirn. „Er wird dich töten!“, sagte sie plötzlich nach einigen Minuten des Schweigens. Betroffen nickte ich. Ein Lachen entfloh meinem Innersten, ein Lachen über diese Absurdität, die mich umgab. So ist das im Leben, wenn dir plötzlich etwas Widerliches passiert und du es emotional nicht mehr verkraften kannst, fängst du an zu lachen. Fürchterlich lachen musst du. Dann schreist du. Dann weinst du. Dann stirbst du. „Ja!“, keuchte ich, Tränen standen in meinen Augen. Tränen vom Lachen. Tränen vom Weinen. „Das wird kein lustiger Tod sein, Maria!“ Mechthild erhob sich von der Bettkante. Ihr Gesichtsausdruck war ernst. „Ich würde da nicht lachen!“ Ich hielt ihre Hand fest, krallte mich blitzschnell mit all meiner Kraft in ihren Arm. Sie sollte nicht gehen. „Bleib!“, sagte ich mit klarer, fester Stimme. „Du hast das alles hinter dir! Warum hat er dich nicht getötet?“ Die Augenblicke zogen dramatisch schnell an mir vorüber und es war schwierig, in ihnen die richtigen Fragen zu finden, mit denen ich Mechthild zum Bleiben bewegen könnte. Zum Verweilen an meinem Bett, um meine Fragen zu beantworten. Wer sollte sie beantworten, wenn nicht Mechthild? Wer wusste, wann sich mir noch einmal die Gelegenheit bieten würde, mit Mechthild allein zu sein? Es gab so vieles, das ich wissen wollte. Ich spürte genau, dass Mechthild nicht bereit war, meinen Fragen Rede und Antwort zu stehen. Wenn es mir jedoch gelang, ihr Herz zu berühren, dann hatte ich eine wahrhaftige Chance. Eine Chance, meine Fragen nach dem Warum von ihr beantwortet zu bekommen. Antworten aus dem Mund der Frau, die das Martyrium bereits hinter sich gebracht und überlebt hatte. Mechthild hielt inne, sie überlegte, ich sah es an ihrer Körperhaltung. Sie zweifelte und kämpfte mit sich. „Bitte! Du bist eine sehr starke Frau! Ich bewundere dich! Dir gebührt all mein Respekt!“ Mit meinen Ausdrücken der Bewunderung glaubte ich, Mechthild überzeugen zu können. Komplimente verfehlten das Herz einer Frau höchst selten. „Ja! Ich bin stark! Sehr stark!“ Mechthild seufzte, ging zwei kleine Schritte rückwärts und kam mir wieder näher. Schließlich setzte sie sich an mein Bett. Ich ließ ihren Arm los, ich spürte, sie würde bleiben. Alles in mir schmerzte. Ich hätte schreien können vor Schmerzen, doch in diesem kostbaren Moment nahm ich mich zusammen. Ich durfte ihn nicht zerstören. Noch durfte ich das Bewusstsein verlieren. In Mechthild ruhten all meine Antworten, ebenso, wie auch all meine Fragen. „Ich war wie du!“ Mechthild sprach leise. Es war, als musste sie sehr weit in die zurückliegenden Erlebnisse ihrer Vergangenheit reisen. „Eine graue Maus! Unbescholten, unschuldig und vom Leben verlassen! Wir lernten uns im Internet kennen. Er war freundlich und ich mochte ihn. Lernte ihn zu schätzen und irgendwann, da möchte man den Menschen persönlich kennenlernen. Also verabredeten wir uns. Einfach so. Es war nichts dabei, verstehst du?“ Mechthild blickte mich fragend an „Ja, ich verstehe!“, pflichtete ich ihr bei. In neugieriger Erwartung auf die Dinge, die folgen würden. Mechthild schluckte einige Male. Es war, als müsste sie ihre Tränen zurückhalten. Ihre Augen füllten sich mit kleinen, wässrigen Tröpfchen. Sie waren nicht groß genug, um aus ihren Augenwinkeln zu kullern. Energisch rieb sie ihre Augen und damit die Tränen fort. Ihre Traurigkeit, ihren Kummer versuchte Mechthild vor mir zu verbergen. „Er war unheimlich lieb, Maria! Er war der erste Mann, von dem ich glaubte, er wäre anders als die anderen! Einfühlend, sanft und charmant. Ich verliebte mich schließlich in ihn.“ Mechthild machte eine Pause. „Und dann?“, drängte ich. „Ich zog zu ihm! Ich hatte doch nichts zu verlieren! Meine kleine Wohnung gab ich auf. Zu meiner Schwester pflegte ich seit Jahren keinen Kontakt und der Rest meiner Familie war bereits tot. Es wartete niemand auf mich! Enttäuscht war ich, bevor ich zu Wolfgang ging. Vom Leben, von der Liebe und von den Männern! In Wolfgang fand ich den Menschen, von dem ich immer geträumt hatte. Ein Mensch, der mein Herz erobert und meine Seele mit Freude und Glück erfüllt. Den glaubte ich in Wolfgang gefunden zu haben! Ja, ich war sehr glücklich mit Wolfgang! Er ist ein guter Mensch, Maria! Tief in seinem Inneren gibt es einen guten Kern, ich habe ihn gesehen! Ihn gefühlt und gespürt! Sonst hätte ich mich niemals in ihn verliebt!“ In mir stieg Gift und Galle hoch, während ich Mechthilds Worten lauschte. Energisch unterdrückte ich den nächsten, in mir aufsteigenden Brechreiz. Ich empfand es als besonders abartig und dramatisch einen Mann, der bereit war Frauen zu töten, als einen liebevollen Menschen darzustellen und als herzlich zu bezeichnen. Nur weil er das Herz einer Frau eroberte, die zuvor von anderen Männern scheinbar nur enttäuscht worden war. Gedanklich fragte ich mich, wer sich eher auf dem Weg zum Tor des Wahnsinns befand, Mechthild oder Wolfgang? In meinen Augen waren beide krank, genau wie ich. Auch ich hätte mich niemals auf solch eine absurde Idee eingelassen, wenn ich bei klarem Verstand gewesen wäre. Kontakte knüpfen über Anzeigen, aus dem Internet. Absurd! Dagegen war zunächst nichts einzuwenden. Sich jedoch gleich auf den Weg zu machen, mit der Absicht, bei fremden Menschen zu verweilen und mit ihnen den Tagesablauf zu verbringen, war eigenartig, krankhaft und befremdlich. Eine gewisse Portion Naivität steckte obendrein mit drin in der Vorgehensweise. Mechthild schien meine Gedanken zu erraten. „Ich war einsam, Maria! Blind für die guten Dinge des Lebens! Wolfgang gab mir all das, was ich brauchte! All das, was ich verloren hatte. All das, wovon ich träumte. Er wusste genau, wie er Frauen um den Finger wickeln muss! Er hätte jede haben können, mit seiner Art, Frauen zu umgarnen! Außerdem war er sehr einfühlsam, auch in sexueller Hinsicht! Stundenlange Vorspiele, immer genau auf meine Bedürfnisse ausgerichtet! Liebkosungen, Komplimente, Zuneigung, die Frage nach dem, was *ich* brauchte, was *mir* wichtig war! Für mich war Wolfgang wundervoller als ein Sechser im Lotto!“ Ich stieß einen lauten Seufzer aus und überlegte, ob meine Kräfte ausreichend waren, um mich anzukleiden. Mühsam richtete ich mich auf, doch sofort wurde mir schwindelig. „Bitte, ich möchte gehen! Hilfst du mir?“, jammerte ich. Mechthild ignorierte mich, sie war völlig in ihren Gedanken versunken. „Aber dann, eines Tages, da wurde er zum Tier und zeigte plötzlich sein wahres Gesicht, Maria!“ Mechthilds Augen blitzten und wurden riesengroß. Ihre Stimme wurde laut, geradezu schrill und ich sah das

Weiße in ihren Augen. Sie griff meinen Arm, rüttelte mich plötzlich und ich bekam Angst. „Er hat mich täglich vergewaltigt! Sex, immer nur Sex! Er hat ein Zimmer, ein Spielzimmer, wie er es nennt. Dort sind lauter Folterinstrumente, er hat sie selbst zurechtgezimmert! Eine Motorsäge besitzt er und liebt es, den Frauen mit dieser Angst einzujagen! Er ist genau wie dieser Perverse aus dem Horrorfilm Blutgericht in Texas! Er hat diesen schrecklichen Film in allen Ausführungen auf DVD. Zwischen jedem einzelnen Buch in den Schrankwänden seines Büros stecken bestialische DVD Filme. Pornos, Hardcore Pornos, Horrorfilme. Er ist ein Freak! Er laboriert, experimentiert und er beobachtet.“ „Beobachtet?“, seufzte ich. „Ja! Er holt sich die Frauen! Schafft sie herbei, sperrt sie ein, foltert sie, lässt sie hungern und kettet sie an. Ihre Reaktionen beobachtet er. Je größer ihre Ängste, desto bestätigter fühlt er sich in seinen kranken Phantasien!“ „Warum gehst du nicht fort? Du kannst mir doch nicht erzählen, dass du dieses kranke Schwein immer noch liebst!“, schrie ich. Ja ich schrie, denn ich wollte nicht mehr hören, was Mechthild von sich gab. „Weil er mich umbringen wird!“ Mechthild sprang auf, wie ein aufgescheuchtes Huhn lief sie im Zimmer hin und her. „Sobald ich gehe, könnte ich all diese Dinge, die ich gesehen habe, der Welt dort draußen erzählen!“ „Es ist deine Pflicht!“, versuchte ich Mechthild wachzurütteln. „Ja, meine Pflicht! Aber ich kann es nicht! Ich bin hin und hergerissen zwischen dem, was richtig und was falsch ist! Ich liebe ihn, verstehst du das nicht?“ „Nein!“, entgegnete ich energisch. Das konnte ich nicht verstehen. „Manchmal ist er lieb, er hat ein gutes Herz! Ich hoffe, dass er bald eine Therapie beginnt, dann ist das Grauen vorbei und wir können ein friedliches Leben führen! Dann wird er sich keine Frauen mehr ins Haus holen, dann hat das alles hier ein Ende! Wenn ich ihn verrate, dann geht er ins Gefängnis und ich sehe ihn nie wieder!“ Mechthild weinte. Es kam plötzlich. Nein, ich schenkte ihr kein Mitleid. Mechthild hatte ihr Herz an einen Perversen verloren, an einen Irren. Dass sie einen Mann liebte, der psychisch krank war und dem normalen Leben entgleist war, war ihr bewusst. Stillschweigend gab sie sich dennoch mit der Tatsache zufrieden, mit einem Sadisten unter einem Dach zu hausen, nur weil sie ihn, den sie als ihre große Liebe bezeichnete, nicht verlieren wollte. Weil sie an der Hoffnung festhielt, Wolfgang aus der Krankheit seiner perversen Neigungen befreien zu können. Mechthild glaubte an Wunder, wie dumm von ihr! Das war genauso naiv, wie diese dumme Geschichte Fifty Shades of Grey. Diese kleine Göre aus dem gehypten Kinofilm hoffte inständig, mit ihrer naiven Liebe den sadistisch veranlagten Millionär Grey wachrütteln und aus seiner Krankheit, Frauen als Lust-und Spielobjekte betrachten zu müssen, befreien zu können. Eine Zeit lang hatte ich das auch mal getan, an Wunder geglaubt. Von dem Trip hatte ich mich allerdings schnell wieder erholt. „Es wird kein Wunder geschehen!“, redete ich Mechthild ins Gewissen. „Doch!“ Mechthild sträubte sich gegen meine Worte und hielt sich die Ohren zu. „Wolfgang ist ein guter Mensch!“, rief sie durch das Zimmer. „Wolfgang ist ein guter Mensch!“ Erneut versuchte ich, mich aus dem Bett zu hieven, doch es gelang mir nicht, ich war zu schwach. Meine Kleidung lag auf dem Boden. Vor dem Schrank. So nah und doch so fern. Sie schien unerreichbar zu sein. „Bitte, gib mir meine Kleidung!“, flehte ich sie an. „Wie? Du kannst doch nicht einfach gehen!“ Mechthild sah mich erschrocken an. „Doch! Ich muss fort von hier! Bevor er zurückkommt! Bitte, hilf mir!“, jammerte ich. „Wenn ich dich gehenlasse, dann bringt er mich um!“ Entsetzt starrte Mechthild mich an. Das Funkeln ihrer Augen traf mich mitten in der Magengrube und das sehr empfindlich. Bedrohlich kam sie näher und beugte sich über mich. Sie drückte mich in die Kissen zurück. „Hör zu! Vergiss es!“ Ihre Hand lag auf meinem Oberkörper, oberhalb meiner Brüste. Ihre Berührung ließ einen kalten Schauer durch meine Venen jagen. Ihr Griff war äußerst kräftig und ihre Augen fixierten mich. „Wenn du tust, was er sagt, wird er dich freilassen! Das war bisher immer so mit den Frauen! Wenn sie taten, was er verlangte, durften sie gehen! Reiß dich zusammen, dann kommst du hier lebend wieder raus! Aber versuche nicht, dich zwischen Wolfgang und mich zu stellen! Sein Herz gehört mir!“ *Die ist völlig krank die Alte! Sie wird dir nicht helfen, Maria! Sie ist die rechte Hand des Teufels!* „Du hast wunderschöne Brüste, so fest und handlich.“ Mechthild strich bewundernd mit ihrer Hand entlang meines Busens. „Wolfgang liebt zarte, kleine Brüste!“ Sie nahm die Bettdecke zur Seite. „Du bist rasiert!“ Sie legte ihre Handfläche auf meinen Venushügel. In ihrem Ausdruck lag Bewunderung für meinen Körper. „Ich mag es, mich einer Frau hinzugeben! Wolfgang mag das auch, wenn er mir dabei zusehen darf!“ Meine Atemfrequenz stieg an. „Du bist erregt!“, flüsterte Mechthild. Sie legte ihre Hand wieder an meine Brüste. Innerlich bebte ich. Sie nahm meine Knospen zwischen ihre Finger und drückte sie zärtlich zusammen. „So schöne Brüste!“, stöhnte sie. Ich hielt die Luft an. Wagte nicht, mich zu bewegen, doch am liebsten hätte ich Mechthild fortgestoßen. Herunter von dem Bett. Kräftemäßig war ich ihr unterlegen. Mein Körper war ausgelaugt, müde und ausgemergelt. Zu viel Flüssigkeitsverlust, in ein paar Tagen würde es mir hoffentlich besser gehen. Dann würde ich mich aus dieser Hölle befreien. Mechthild ließ sich seitlich auf die Matratze nieder. Immer noch bearbeiteten ihre Hände meine Brüste. Voller Begehren taten sie es. Sie neigte langsam ihren Kopf tiefer zu meinem Oberkörper, öffnete ihren Mund und schob ihre Zunge provokant durch die Lippen hindurch, um mit ihr meine Nippel zu liebkosen. Ihr Atem ging schneller, sie stöhnte leise und ihre Zunge vollführte akrobatische Bewegungen um meine beiden Brusthügel herum. Meine Brustwarzen wurden hart. Sie richteten sich lechzend nach dem Mund dieser widerlichen Frau aus. Mechtild nahm ihren Kopf höher, hielt den Mund weiterhin geöffnet. Ihr Vorgehen glich einer Einladung an meine Brustwarzen. Sie sollten ihrem Mund folgen, wenn sie weiterhin das wohlige Gefühl kosten wollten. Das Gefühl, von einer Zunge geleckt und in Wallung gebracht zu werden. Das Gefühl, von festen Lippen umschlossen zu werden. Sie taten es. Sie richteten sich Mechthilds Lippen entgegen. Meine Brustwarzen wurden prall, sie näherten sich der nassen Mundgrotte dieser Frau und richteten sich zielgenau auf. Ich glaubte, sie waren mit einem unsichtbaren Faden verbunden, der in Mechthilds Mund führte. Mein Körper verlangte danach. Er schrie. Bitte, jemand möge an dem Faden ziehen, damit meine Brüste endlich wieder in die weiche und warme Mundhöhle gelangten. Das wohlige Gefühl sollte zurückkehren! Schnell! Mein Brustkorb erhob sich, doch Mechthild ließ mich schmachten. Ihren Mund geöffnet, verharrte sie und wartete. Wissend, was sie tat, leckte sie mit der Zunge verführerisch über ihre

Lippen. Streckte sie hinaus, bewegte sie hin und her. Ihr Stöhnen erregte mich, ich konnte nichts dagegen tun. Mein Körper verlangte es. Er verlangte, dieser Frau zu gehorchen. Den Widerstand aufzugeben. Mechthild erbarmte sich meiner Lust und legte ihren Mund um die Spitze meiner rechten Brustwarze. Ich glaubte, der Busen zur rechten Seite stand ihr am höchsten entgegen. Sie leckte mit ihrer Zunge meinen erstarrten Nippel, saugte mit ihren Lippen an ihm und verpasste mir ein Gefühl, wie ich es nie zuvor gespürt und durchlebt hatte. Fester, härter, dann wieder sanfter. Ich gelangte schließlich zu einem Orgasmus, der meinen gesamten Körper durchzuckte. Mechthild spürte meinen Erguss und legte ihre Hand an meine Scheide, nahm die Flüssigkeit mit ihren Fingern auf und roch an ihnen. Wie ein wildes Tier kostete sie von meinem Nektar. Ich fiel erschöpft in einen Zustand, der dem des Schlafens glich. Das war zu viel für mich und meine geschundene Seele.

Kapitel 10

Chancen

Mein nächstes Erwachen war weniger erfreulich. Wolfgang stand, in voller Montur, im Zimmer. Allerdings ohne Trainingshose und ohne lederne Gesichtsmaske. Ein Grund zum Aufatmen für mich? Wohl kaum! Mittlerweile hatte ich den Glauben an das Gute verloren. Auch in Mechthild sah ich keine Chance mehr, dem Grauen zu entkommen. Sie würde mir keine Hilfe sein. Eher das Gegenteil wäre der Fall. Entweder hatte Wolfgang sie bereits so sehr beeinflusst, dass sie in ihren eigenen Handlungsmöglichkeiten blockiert war, oder aber sie war durch ihn so manipuliert worden, dass sie den Bezug zur Realität längst verloren hatte. Dass Liebe bekanntlich blind machen sollte, war mir zu Ohren gekommen. Aber so blind? „So Schnucki!“ Wolfgang warf sich in Positur. „Aufstehen! Du müsstest jetzt eigentlich soweit wieder hergestellt sein, um deine Aufgaben zu erledigen!“ *Mir graute es. Welche Aufgaben? Inständig hoffte ich, dass sie mich „nur“ mit Hausarbeit drangsalieren würden. So, wie wir es damals am Telefon abgesprochen hatten, bevor ich angereist war. Ich erinnerte mich an die Worte: „Kost und Logis gegen Mithilfe im Haushalt!“* Wolfgang hob meine Kleidung vom Boden und warf sie lieblos auf mein Bett. „Zieh dich an!“, befahl er herrisch. *Gut, das Anziehen war mir alle Male lieber, als das Ausziehen. Erleichtert atmete ich auf, dass Wolfgang mir nicht die Bettdecke beiseite zog, um mich zu befummeln, oder sich an mir zu vergehen.* Mittlerweile rechnete ich immer gleich mit dem Schlimmsten. Ich war stets auf der Hut, und in ständiger Furcht, mein Leben lassen zu müssen. Kurzweilig dachte ich an einen Stephen King Film, namens Misery. Die alte Frau, die einen Skifahrer nach einem Unfall im Schneegestöber aufgesammelt hatte. Sie misshandelte ihn brutal. Er war Autor und schrieb an einem Buch und als ihr dessen Ende nicht gefiel, brach sie dem Typen eiskalt das Bein. Ich überlegte, wie dem Kerl damals die Flucht gelang. Koordiniert bekam ich das Ende nicht mehr. Innerlich lachte ich bitter. Niemals hätte ich gedacht, dass derartige Visionen eines Schriftstellers wie dem Genie Stephen King, die ja nur zurechtgesponnen waren, sich auch in der Realität abspielen könnten. Vor allen Dingen überhaupt nicht, dass ich die Hauptrolle spielen könnte. Ja ich mochte sie, diese Horrorfilme. Ich mochte sie deshalb, weil ich am Ende jeder noch so verrückten Story sagen konnte: „Hey, das war doch nur ein Film!“ Es gab mir ein gutes Gefühl. „Könntest du dich ein wenig beeilen?“ Wolfgang verschränkte gelangweilt die Arme und beobachtete mich aufmerksam, während ich aus dem Bett krabbelte und mir die Hose anzog. Völlig nackt stand ich vor diesem ekeligen Typen. Als ich mich bückte, bückte er sich ebenfalls. Er legte den Kopf leicht schief. Ich war mir sicher, er würde an meine Brüste fassen, die ein wenig in die Tiefe hingen. Vor Angst zitterte ich. Ich glaubte Wolfgang plötzlich genau zu kennen. Meine Fantasien waren vielleicht bereits viel perverser als seine. Er bewegte sich jedoch nicht. Seine Arme blieben brav vor seinem Schmierbauch ineinander verschränkt. „Mechthild hat mir erzählt, dass du einen Orgasmus hattest, während sie deine Titten geleckt hat!“ Wolfgangs Wange bekam plötzlich eine deutliche Ausbeulung. Seine Zunge hielt er scheinbar gegen die Innenwand gedrückt. *Was antwortest du denn jetzt? Ja? Nein? Vielleicht? Ja, es war gut? Es war schön? Es war widerlich? Ich möchte nach Hause fahren?* „Deine Freundin ist eine wunderbare Verführerin!“, brach es aus mir heraus. Worte, die ich eigentlich gar nicht hatte sagen wollen. Ich biss mir auf die Zunge. Wolfgang holte aus, mit der flachen Hand schlug er mir mitten ins Gesicht. So brutal, dass ich ins Bett zurückflog. Die Tränen schossen mir in die Augen, schmerzerfüllt hielt ich meine Wange. Ich blickte in zwei hasserfüllte Augen, in die Augen eines Mannes, von dem ich nicht wusste, was er als Nächstes tun würde. „Mach das nie wieder!“, fauchte Wolfgang. *Was nie wieder? Mich von Mechthild anfassen und missbrauchen lassen?*

Oder ihm, diesem ekelhaften Schwein, ein Lob aussprechen, für seine psychisch kranke Freundin, weil ich glaubte, ihn mit meinen Worten besänftigen zu können? Ich blieb stumm. Wolfgang warf mir die Bluse zu. „Hier, anziehen!" „Mein BH, der liegt …!" „Du brauchst keinen BH!" Wolfgang unterbrach mich jäh. Seine Augen funkelten boshaft. Als ich Hose und Bluse übergezogen hatte, dirigierte er mich aus dem Zimmer. Unsanft boxte er mir in den Rücken und trat mehrere Male mit seinen schweren Arbeitsschuhen nach mir. In die Hacken und Kniekehlen. Einige Male fiel ich zu Boden und er trat gegen meine Extremitäten und zwischen meine Beine. „Dreckige Hure, du!", schimpfte er. Wir gingen hinüber in Wolfgangs Büro. Unheimlich wackelig war ich auf den Beinen. Mein Körper fühlte sich an wie Pudding. Meine Bewegungen konnte ich kaum koordinieren. Der Kreislauf musste zunächst wieder in Schwung kommen. Ich glaubte, meine Beine würden jeden Moment wegsacken. Wegknicken, auch ohne Wolfgangs Tritte. *Nicht schlapp machen, Maria! Tief Luft holen.* Wolfgang dirigierte mich zunächst in die Küche, dort wies er mich an, das Geschirr zu spülen, das sich in hohen Türmen auf der Spüle stapelte. Während ich abwusch, lehnte Wolfgang lässig im Türrahmen und beobachtete mich herrisch. „Vielleicht könntest du ein wenig für mich tanzen!", frotzelte er. „Auf dem Tisch! Nackt! Table Dance! Los, zieh dich aus!", wies er mich an. Zögerlich entblößte ich mich, legte das Geschirrtuch beiseite und knöpfte meine Bluse auf. Wolfgang sah mir geifernd zu, während ich mich meiner Kleidung entledigte. Wenig später verlangte er tatsächlich von mir, dass ich für ihn auf dem Tisch tanzen sollte. Ich hatte in meinem ganzen Leben keine Tanzschule besucht und war sehr ungelenkig. Besonders in so einem lädierten Zustand. Plötzlich hielt Wolfgang eine Peitsche in der Hand. Wo er sie so schnell hergezaubert hatte, würde mir auf ewig ein Rätsel bleiben. Wolfgang drangsalierte mich mit ihr. Wie ein Cowboy, der Mustangs zusammentrieb, ließ er die Peitsche knallen. Er schwang das Ende um meine nackten Hüften, es knallte furchterregend. Dann ließ er sie um meine Oberschenkel tanzen. „Heya!“, schrie er begeistert. Um den schmerzenden Schlägen zu entkommen, tanzte und hüpfte ich tatsächlich. Meine Brüste wackelten und wippten auf und ab. Wolfgang ließ die Peitsche immer schneller werden und traf mich mehrere Male sehr empfindlich und äußerst schmerzhaft. Er lachte. Dreckig, gemein und schäbig. Nachdem ihm die Lust an meinen akrobatischen Tanzbewegungen vergangen war, bugsierte er mich ins Badezimmer. Dort musste ich die Badewanne, das Waschbecken und die Dusche schrubben. Natürlich ebenfalls nackt. Die Toilette musste ich mit meiner eigenen Zahnbürste reinigen. Die Pflege meiner Zähne war mir schon immer sehr wichtig. Ich hatte nicht einen einzigen Zahn mit Karies oder einer Zahnfüllung in meinem Mund. Mindestens zwei Mal am Tag reinigte ich meine Zähne. Gewissenhaft tat ich es und der Gedanke, dass ich mit meiner Zahnbürste den Kot aus der Toilette wischte und mir in ein paar Stunden damit meine Zähne putzen sollte, empfand ich als reine Schikane. Allerdings verlangte Wolfgang direkt von mir, meine Zähne zu putzen, nachdem er den Deckel der Toilette demonstrativ zuklappte. „Ist sauber genug die olle Kloschüssel! Und nun sind deine Zähne dran!“ Leise und für Wolfgang unmerklich, weinte ich, während ich die Zahnbürste vorsichtig in meinen Mund schob. Angeekelt und entsetzt tat ich, wie mir befohlen wurde. Mein Herz war schwer. Wie sehr hoffte ich, diesen grauenvollen Ort wieder verlassen zu dürfen. Nachdem ich meine Zähne mit der kotverschmierten Zahnbürste statt gereinigt, völlig verdreckt hatte, mit Kacke, drängte mich Wolfgang in die Dusche. Ich hatte nicht bemerkt, dass er sich hinter mir auszog, während ich meine Zähne putzte. Er drückte mich gegen die Duschwand und küsste mich auf den Mund. Mit seiner Zunge öffnete er brutal meine Lippen und kreiste mit ihr durch meine Mundhöhle. Während er dies tat, übergab er mir besonders viel seines ekelhaften Speichels. Ihm bereitete es sichtlich Freude, die Angelegenheit besonders nass anzugehen. Zungenküsse waren generell eine wässrige Angelegenheit, doch ich hätte es lieber trocken und weniger aufdringlich gemocht. Wolfgang fiel wie ein wildes Tier über mich her. Er rammte seinen Penis in meine Vagina und stöhnte lustvoll. Dann griff er ungeschickt mit seinen Händen an meine Brüste. Ich empfand nichts anderes dabei, als puren Ekel. Zusammenreißen musste ich mich, um nicht sofort wieder zu erbrechen. Nachdem Wolfgang mit mir fertig war, ging es zurück in die Küche, das Geschirr wartete. Den Boden ließ er mich wischen. Alles in splitternacktem Zustand. Er vergewaltigte mich einige Zeit später noch einmal auf dem Küchentisch. Hemmungslos, wild und herzlos. Meine Vagina brannte vor Schmerzen, sie schien regelrecht wundgefickt zu sein. Breitbeinig lief ich durch die Küche, während Wolfgang sich gemächlich und in aller Seelenruhe wieder ankleidete. „Was läufst du denn so unruhig hin und her? Das macht mich ganz nervös!“, fauchte er mich an. „Meine Scheide schmerzt! Ich glaube, ich muss mal zur Toilette und Wasser lassen“, winselte ich. „Ja, dann geh doch!“, brummte Wolfgang. Für einen Moment überlegte ich, die Flucht zu ergreifen. Über den Flur hätte ich zur Garagentür laufen können. Von dort aus hinaus ins Freie, rüber zum Nachbarhaus. Die Bewohner dort hätten mir Zuflucht gewähren und die Polizei verständigen müssen. Es wäre ihre Pflicht! Worauf wartete ich? Wolfgang schien etwas erschöpft zu sein. Aus dem Augenwinkel heraus beobachtete ich, wie er sich müde auf einen der Stühle am Küchentisch plumpsen ließ. Ich hatte einen guten Vorsprung. Meine Chance! *Lauf doch Maria! Lauf! Nein, ich kann nicht! Doch! Du kannst! Nein! Er wird mich einholen, und seine Bestrafung wird schlimmer sein als alles andere, das ich bisher erlebt habe!* „Wer sich den Hausregeln widersetzt, wird bestraft! Beeil dich mal auf der Toilette! Du hast drei Minuten, dann bist du wieder hier!“ Wolfgangs eindringliche Stimme verhinderte weitere Gedanken an mögliche Fluchtversuche.

Kapitel 11

Misshandlungen

Als ich von der Toilette zurückkehrte, durfte ich mich wieder anziehen. Wolfgang schubste mich erneut durch den Flur, nun ging es in sein Büro. Dort saß Mechthild auf einem der Stühle, würdigte mich keines Blickes. Ihre Nase schien geblutet zu haben. Getrocknetes Blut klebte unter den Nasenlöchern, dick und verkrustet. Scheinbar hatte ihr jemand ins Gesicht geschlagen, genau wie mir. Wolfgang hatte mich geschlagen, bevor er aus dem Schlafzimmer in die Küche ging. Nachdem er erfahren hatte, dass ich unter Mechthilds Berührungen einen Orgasmus erfahren hatte, wurde er zu einer Furie. Das gefiel ihm anscheinend nicht. War es Eifersucht gewesen? Seine Gewalt? Die anschließenden Vergewaltigungen und seine Demütigungen? Das Putzen der Toilette mit der Zahnbürste? Das Tanzen unter den Schlägen der Peitsche, auf dem Tisch. Hatte er sich so wieder abreagiert? Scheinbar war es so, wie ich es vermutete. Seine aufgestellten Hausregeln verstand ich schnell. Die Spielregeln ebenfalls. Als ich Mechthild, die ziemlich geknickt auf den Stühlen hockte, erblickte, war es nicht schwer zu erraten, wer uns beiden das Übel angetan hatte. *Und diesen Kerl liebst du also, ja? Tust du das?* Gedanklich versuchte ich, Kontakt zu Mechthild aufzunehmen, wollte sie wachrütteln. Mechthild blieb stumm. Leblos hing sie in ihrem Stuhl, nahezu wie versteinert. Fernab von allem Weltlichen. „So ihr beiden Hübschen, jetzt könnt ihr einen auf Blutsbrüder machen!“, ergriff Wolfgang das Wort, nachdem er mich auf meinen Stuhl verwiesen hatte. Erschrocken griff ich mir an die Nase. Tatsächlich, Blut. Auch ich blutete. Das war wohl nach den Misshandlungen kaum verwunderlich. „Ihr beide hattet ja nun euer Vergnügen, ganz ohne mich!“, fuhr Wolfgang unbeirrt fort. „Während ich zum Einkaufen fahre und wichtige Dinge erledige, vergnügt ihr euch also sexuell und das ohne meine Erlaubnis! Das ist verdammt mutig von euch!“ Wolfgang setzte ein breites Grinsen auf und kramte in seiner Schreibtischschublade herum. Plötzlich hielt er ein Messer in der Hand, Nicht so ein kleines mickriges Taschenmesser, sondern ein Fleischermesser. Er fuhr mit dem Finger offensiv über die blitzblank polierte Klinge. Mechthild warf einen knappen Blick über den Tisch und dieser traf auf den von Wolfgang. Er zwinkerte Mechthild provokant zu. „Du weißt, was ich mir für euch ausgedacht habe, nicht wahr?“ Wolfgang zog die Klinge zwischen seinen Fingern hin und her, seine hässliche Fratze spiegelte sich in ihr. Er stand auf und hielt das Messer wie ein Gewehr in seinen Händen, die Klinge gen Himmel gerichtet, eng an seine Brust und Schulter geschmiegt. Er nahm meine Hand, die auf meinem Oberschenkel ruhte, riss sie aus ihrem Schlaf und schlug sie mit einem dumpfen Knall auf die Tischplatte nieder. Ich wäre beinahe vom Stuhl gekippt, weil ich mit dem Angriff nicht gerechnet hatte. „Los, spreiz sie mal, deine Fingerchen! Das machst du mit deinen Schenkeln doch auch so gut “ Ich tat, was mir befohlen wurde. Meine gespreizten Finger lagen auf der hölzernen Tischplatte und meine Hand zitterte „Weißt du, ich beginne meine Spielchen immer ganz harmlos, aber zum Schluss, da wird es schon etwas härter!“, jauchzte Wolfgang. Er klang euphorisch. Die Freude stand ihm ins Gesicht geschrieben. Die Freude, mich demütigen und misshandeln zu können. Die Angst aus mir hervorzulocken, bereitete ihm freudiges Verlangen. *In der Schule hatten die Jungs aus meiner Klasse das mal untereinander gemacht. Das Messer durch die Finger tanzen lassen. Ich konnte nicht hinsehen, weil ich glaubte, sie hätten dem armen Jungen, der an der Reihe war, damals die Finger abgehackt. Aber die Jungs waren äußerst geschickt untereinander. Sie blieben alle unverletzt.* Wolfgang ließ das Messer durch meine Fingerzwischenräume tanzen. Mit der einen Hand hielt er mein Handgelenk auf den Tisch gedrückt, mit der anderen bewegte er in immer schneller werdenden Rhythmen das Messer. Ich konnte nicht hinsehen und versuchte mir gedanklich etwas Schönes vorzustellen. Blauer Himmel, Sonne und eine Blumenwiese. Klar verspürte ich Angst! Angst, dass er mir eiskalt einen Finger abtrennte. Dann, nach einer gefühlten Ewigkeit, stach er wahrhaftig mitten in den Finger hinein. In den Mittelfinger. Ob er es mit purer Absicht getan hatte, oder eben aus Unachtsamkeit, kann ich nicht sagen, das Blut spritzte und ich schrie vor Schmerzen. Wolfgang triumphierte. „Verloren hast du! Verloren hast du!“ Er ließ meine Hand los. Weinend blickte ich auf den blutüberströmten Finger. „Bis zur Hochzeit ist es wieder gut!“, jaulte Wolfgang. „Sei lieber froh, dass ich dir das Messer nicht in deine kleine dreckige Pussy ramme! Noch nicht! Noch habe ich es nicht getan! Wenn du dich allerdings weiterhin so daneben benimmst, dann wird auch sie Bekanntschaft mit Papas Baby machen!“ Wolfgang strich zärtlich über die Klinge des Messers, an der mein Blut klebte. „Los Mechthild, mach das sauber!“ Wolfgang hielt Mechthild das Messer fordernd entgegen. Sie nahm die Klinge, legte sie an ihren Mund und leckte mein Blut ab. Sie tat dies genüsslich und während sie es tat, griff Wolfgang ihr zwischen die Beine. In wüsten Bewegungen rieb er seine große Hand zwischen ihren Schenkeln. „Ja, das schmeckt dir, nicht wahr? Das Blut deiner Busenfreundin!“ In meinen Augen gab Wolfgang den idealen Hauptdarsteller für einen Hardcore Horrorthriller ab. Selbst in seinen eigenen Dialogen war er unschlagbar. Das Blut triefte unaufhaltsam aus meinem Finger. Geistesgegenwärtig drückte ich auf die klaffende Wunde und stillte somit die Blutung ein wenig. Einen Verband hätte ich gebraucht. Das Blut sickerte unaufhaltsam auf den Teppich vor dem Bürotisch. Schnell schob ich meine Füße über die Blutlache, damit es niemand bemerkte. Wenn Wolfgang die Sauerei sah, würde es Schläge setzen. „Zieh deine Hose aus und steck dir den Finger in deine Muschi!“ Wolfgang entriss Mechthild das Messer und wandte sich wieder zu mir. „Los, ich will sehen, wie du dich fingerst!“ Er fuchtelte mit dem Messer vor meiner Nase herum und forderte mich auf, seinen Anweisungen zu folgen. Ich wartete nicht auf eine weitere Aufforderung, wenngleich mich meine Angst innerlich lähmte. Ich ließ die Hose hinunter und grätschte meine Beine. Mein Finger schmerzte, brannte wie Feuer. Der Schmerz wurde unerträglich und ich glaubte, der Finger müsse gleich abfallen. Dennoch nahm ich den blutenden, zerfetzten Finger und schob ihn in meine Vagina, wie von Wolfgang angeordnet. Wolfgang beobachtete alles mit hungrigen Argusaugen. „Haha, welch ein Spaß!“, frohlockte er. Gierig wie ein Raubtier, welches das Blut seines Opfers sehen wollte, starrte Wolfgang auf meine Hand. „Schneller! Los, ich will dich kommen sehen! Ich liebe frischen Pussynektar! Besonders dann, wenn er sich mit Blut vermischt!“ Ich spürte, wie die Haut des Fingers, durch die Reibung, immer weiter aufriss. Zum Glück hatte mein Magen seit gut einem Tag keine Nahrung mehr aufgenommen. Kotzen würde nicht mehr funktionieren. Der Reflex des Würgens setzte jedoch trotzdem ein. „Hey, warum wird dir denn schlecht?“ Wolfgangs Stimme bekam einen merkwürdigen Unterton. Mitleid? Nein, die pure Ironie sprach aus ihm. „Ich will dass du kommst! Los, streng dich mal ein wenig an! In der Badewanne hat das doch auch geklappt!“ Es brach aus mir heraus, ich konnte nicht mehr an mich halten. Hasserfüllt schrie ich: „Als ich in der Badewanne saß, hatte mir auch kein irrer Psychopath zuvor den Finger halb abgeschnitten!“ „Ha, unsere

Nonne wird auch noch frech!“ Wolfgang staunte zunächst nicht schlecht, als ich meinen Mund aufmachte. Damit hatte er nicht gerechnet. Er griff mir an die Gurgel, seine hässliche Fratze kam meinem Gesicht bedrohlich nahe. „Ich sag dir mal was, du kleine Hurentochter! Mit mir legst du dich besser nicht an! Ich schneide dir sonst noch ganz andere Körperteile ab!“ *Ja, das glaubte ich ihm aufs Wort!* „Mechthild, los! Komm her! Ihr beide habt das doch heute Morgen angeblich so wunderbar miteinander hinbekommen! Du und diese kleine Nutte hier! Zeigt mir mal, wie ihr euch gegenseitig auf Touren bringt! Und damit wir dieses Schauspiel für immer und ewig festhalten können, habt ihr doch sicher nichts dagegen, wenn ich einen kleinen Dokumentationsfilm über eure sexuellen Spielchen drehe! Ich verpasse ihm den Titel „Eine Nonne auf Abwegen!“ Wolfgang bewegte seine Hände, als sei er ein Komponist, der irgendein Lied vor sich hin dirigierte. Ein Wahnsinniger, dieser Mistkerl brachte mich beinahe um den Verstand. Wenn er außer dem Fleischermesser im Besitz einer Waffe gewesen wäre, ich hätte sie genommen, und mich erschossen. Wer Frauen mit einer Motorsäge Angst einjagte und ein großes Fleischermesser in der Schublade seines Bürotisches versteckt hielt, der war garantiert auch im Besitz einer Schusswaffe. Ich wollte gar nicht wissen, was mich noch alles erwarten würde. Wolfgang positionierte eine Videokamera demonstrativ mitten auf dem Tisch. „Ihr dürft euch beide ausziehen! Los, hopp!“ Wolfgang machte wieder eine lässige Handbewegung. Mechthild zog den Pullover und ihre Hose aus. Sie trug weder BH noch Slip. Das war das erste Mal, dass ich Mechthild nackt sah. „Heute zeigen wir euch, wie sich zwei Frauen einen Orgasmus verpassen, die unterschiedlicher hinsichtlich ihrer Charaktere nicht sein könnten! Zum einen haben wir die Jesus Mutter Maria, die ewige Jungfrau aus Überzeugung und zum anderen sehen wir Mechthild, die erfahrene Prostituierte. Sie durchlief bereits eine harte Schule und ist auf dem Gebiet der Sexualität Meisterin ihres Faches! Sie drückte die Schulbank bei niemand Geringerem, als dem unangefochtenen Meister und Genie Wolfgang!" *Wenn der Typ alles mit der Videokamera festhält, dann verkauft er die Filme vielleicht sogar im Internet? Mit irgendetwas muss der Typ seinen Lebensunterhalt ja verdienen.* „Uuuuuund Klappe die Erste!" Wolfgang drückte den Aufnahmeknopf der Kamera und nickte Mechthild zu. Für einen Moment musste ich mich arg zusammenreißen. Zusammenreißen, nicht loslachen zu müssen. Mittlerweile war alles so absurd, was sich um mich herum abspielte, dass ich glaubte, ich wäre in der Truman Show. Irgendwo waren bestimmt die Scheinwerfer und das Kamerateam versteckt. Oder irgendjemand käme durch die Tür herein, mit dem Spruch auf den Lippen: „Verstehen Sie Spaß?" Mechthild trat zu mir heran, nahm meine Hände und zog mich vom Stuhl. Als wir beide dicht an dicht voreinander standen, drückte sie ihren Busen gegen meinen. Unsere Knospen berührten sich. „Jajajajaja!" Wolfgang war ganz außer sich. Anscheinend vor Freude, dass es endlich losging. Immerhin war es seine Party. Mir war speiübel und mein Finger pulsierte immer schmerzhafter. Von einem Orgasmus war ich Lichtjahre entfernt. *Vielleicht solltest du so tun, als würdest du Gefallen an dem finden, was Mechthild mit dir macht, Maria, dann ist die Show umso schneller beendet!* Ja, das war eine gute Idee.

Immer wieder ließ Mechthild ihre Brustwarzen gegen die meinen stoßen. Vorsichtig und flüchtig tat sie es. Sie bewegte ihren Oberkörper, ganz sanft, so dass unsere Brüste immer wieder in gegenseitigen Körperkontakt gelangten. Mechthild war nicht rasiert. Weder im Intimbereich, noch unter den Armen, oder an ihren Beinen. Unter ihren Achseln quollen dichte Haarbüschel hervor. Ich fand das unhygienisch. Außerdem erkannte ich bei näherem Hinsehen einen Damenbart auf ihrer Oberlippe. Mechthild war keine begehrenswerte Frau. Bei genauerer Betrachtung war sie sogar eher abstoßend. Mechthilds Brüste umkreisten die meinen und plötzlich stieß sie mich nieder. Ich plumpste auf den Stuhl zurück, mein Kopf war auf ihrer Brusthöhe. Sie nahm ihre blanken Brüste in die Hände und hielt sie mir demonstrativ entgegen. Angewidert schloss ich die Augen und umkreiste mit meiner Zunge ihre harten Nippel. „Ja! Ihr seid gut! Weiter so!“ Wolfgang zoomte uns ganz nah zu sich heran. Mit meinem Mund umschloss ich Mechthilds Knospen und saugte an ihnen, wie ein hungriges Baby, das die Muttermilch aus den Brüsten trank. Mechthild stöhnte erregt. Ob es ihr tatsächlich gefiel, was ich tat? Oder spielte auch sie nur ein perfides Spiel und tat Wolfgang denselben Gefallen, den ich ihm tun wollte? Dass es schnell zu Ende sein würde, wenn sie sich ihrem Meister gegenüber erregt zeigte? Mit meinen Lippen leistete ich Schwerstarbeit. Immer wieder bearbeitete ich Mechthilds Knospen. Abwechselnd mit der Zunge, dann wieder mit meinen Lippen. Als sie heftiger stöhnte, nahm ich meine Zähne hinzu. Ich biss hinein, erst zögerlich, dann fester. Kaute an ihren Nippeln, wie ein hungriges Kind. „Ja! Ja!“ hauchte Mechthild. Ihr Körper zuckte und sie hielt sich mit den Armen an mir fest, legte sie um meinen Hals und streckte mir ihre Brüste entgegen. Ich gelangte in einen regelrechten Rausch, schien plötzlich wie süchtig danach zu sein, Mechthild zum Orgasmus zu bringen. Alles um mich herum war vergessen. Mechthild schrie im Kommen ihrer Lust. Ich hatte ihr tatsächlich das Lustgefühl verschafft, auf das Wolfgang so sehr spekuliert hatte, es vor die Linse zu bekommen. Mechthild schrie und schrie, sie hörte gar nicht auf. Während Wolfgang triumphierte, dass es sensationell gut wäre, uns beiden beim Ficken zuzuschauen. Ich war überglücklich, als es endlich vorbei war. Ich dachte zumindest, es wäre vorbei. Da irrte ich jedoch. „Du bist noch an der Reihe und danach ich!" Wolfgang schaltete die Kamera aus und zog sich die Hose runter. „Wir wollen doch alle auf unsere Kosten kommen, oder? Dafür sind wir hier versammelt! Hey, dafür bist du extra angereist! Um in die hohe Schule der sexuellen Gelüste eingeweiht zu werden, Maria!" Ich stieß einen tiefen Seufzer aus. Angeekelt von den Worte des Mannes, der nicht alle Tassen im Schrank hatte und angeekelt vom Wissen, dass es noch immer nicht zu Ende war. Wolfgang hatte bereits seinen Penis freigelegt, ihn aus der Hose gewühlt. Ein hässliches Büschel schwarzer Haare zierte seine Eier. Großkotzig hielt er ihn in den Händen. „Wer von den beiden Damen wird mir denn einen blasen?" *Mir lag auf der Zunge, Wolfgang zu fragen, ob alle Männer derart kleine Penisse hatten, oder ob nur seiner besonders klein war. Ich hatte nicht viele Schwänze in meinem Leben gesehen, aber dieser hier war doch eher eine Lachnummer. Wenn du ihn das fragst, wird er dir die Hand abhacken, Maria! Oder das Fleischermesser in deine Pussy stecken.* Ich nahm all meinen Mut zusammen, denn ich musste es hinter mich bringen. Wolfgangs Penis anfassen und ihn bearbeiten. Diesem Menschen möglichst einen heftigen Orgasmus verschaffen, damit das Spiel sein Ende fand. Ich ekelte mich zutiefst. Zaghaft griff ich nach Wolfgangs bestem Stück. Aufgeblasen hatte er sich vor mir bereitgemacht. Im wahrsten Sinne des Wortes zum Greifen nahe. Er war vorbereitet und wartete nur darauf, dass ich endlich loslegte. Er hielt die Augen geschlossen und brachte sein Becken in Position. *Bringen wir es hinter uns! Ich atmete tief durch.* Zum ersten Mal in meinem Leben legte ich meine Lippen um den Penis eines Mannes. Der Geschmack auf meiner Zunge erinnerte mich sofort an Chlor, ans Schwimmbad dachte ich. Warum war Sex für mich gedanklich eigentlich immer mit Wasser verbunden? Wolfgang ergriff seinen Penis und zog mit der Hand die Vorhaut zurück. Es war, als zeigte er mir, welche Art von Berührung ihm gefiel und wie ich vorgehen sollte. Er schob ihn mir bis zum Gaumenzäpfchen. Ich blies nach allen Regeln der Kunst, zumindest nach denen, von denen ich glaubte, Wolfgang damit auf Touren bringen zu können. Ich war doch völlig unbedarft und unerfahren. Mit der Zunge spielte ich ein aufreizendes Spiel und meine Zähne bissen vorsichtig in die Weichteile. Ich tat einfach irgendetwas, wobei ich ihm natürlich am liebsten seinen Schwanz abgebissen hätte. Nicht nur das, ich hätte ihn gerne mit dem Messer abgehackt, zerlegt, filetiert. Doch ich funktionierte wie mechanisch. Meine Gedanken blendete ich aus, Gefühle ebenfalls. Ich dachte an nichts. Vor mir eine Wand, die Ohren taub. So rotierte ich. Wolfgangs Penis in meiner Mundhöhle. Plötzlich dachte ich mit Entsetzen daran, was geschehen würde, wenn Wolfang kommen sollte, er abspritzen würde! Spritzte er etwa in meinem Mund ab? Würde er dies bewusst tun, oder mir vorher rechtzeig Bescheid geben? Falls nicht, wäre das ein furchtbarer Gedanke. Sicherlich würde er es tun. Verlangen, dass ich sein Sperma schluckte. Nicht umsonst hatte er mich an den widerlichen Geschmack von Sperma gewöhnen wollen. Niemals wollte ich Sperma schlucken, insbesondere nicht das eines so widerlichen Menschen. *Niemals könnte ich das tun. Zu allem Übel auch noch das Sperma eines Sadisten. Ich würde alles auskotzen und Wolfgang würde mich wahrscheinlich töten, sollte ich seinen kostbaren Saft verachten.* „Ja, ich komme gleich! Oh ja!“, stöhnte Wolfgang auch schon und mir wurde schlecht vor Angst. Was sollte ich tun? *Schluck es runter, Maria. Wenn du nicht sterben willst, schluck es.* Während der Orgasmus über Wolfgang hereinbrach und er sich ihm voll und ganz hingab, schluckte ich sein Sperma, das sich in einer warmen Welle in meinen Mund ergoss. Diese Situation war so ekelhaft, dass ich an einen Film mit Thema Nationalsozialismus denken musste, in dem sich die Juden mit dem Gesicht zur Wand aufstellten, um niederträchtig erschossen zu werden. Das war das Schlimmste, was ich in meinem Leben gesehen hatte. Wolfgangs Sperma schlucken zu müssen war das Schlimmste, was ich in meinem Leben hautnah erlebte. Alles in mir zog sich zusammen und sträubte sich. Ich glaubte an dem Zeugs zu ersticken, der Geschmack widerte mich an. Von dem schwabbeligen Schleim bekäme ich zeitnah gewiss Ausschlag im Mund. Ich glaubte, dass es so wäre, weil mich der Geschmack auf meiner Zunge an eine furchtbare Krankheit erinnerte. Es war ekelhaft ohne Ende, eine Tortur für mich. Sollte ich jemals dieser Hölle entfliehen, nie wieder in meinem

Leben würde ich freiwillig Sperma schlucken. Auch nicht von einem Mann, den ich vielleicht liebte. Wolfgang schien für einige wenige Minuten wie weggetreten zu sein. Er wuchtete seinen schweren Körper auf den Stuhl hinter dem Bürotisch und streckte genüsslich die Beine von sich. Aus der Spitze seines schrumpelnden Penis tropfte immer noch milchige Flüssigkeit, von zähflüssiger Konsistenz. Mit seiner Hand rieb er die Vorhaut, nahm ein Taschentuch aus seiner Hosentasche und wischte sich das Sperma ab. Vorsichtig betupfte er sein bestes Stück. „So! Nun wäre nur noch Mechthild an der Reihe!", lachte Wolfgang. *Scheiße, scheiße, scheiße…ist die Nummer immer noch nicht zu Ende?* „Mechthild, worauf hättest du denn Lust, Schätzelein?" Wolfgang stopfte seinen Penis in die Unterhose und diese wiederum in die Jeans. Sein dreckiges Lachen, es blieb mir unvergessen. „Ich finde, Maria sollte die Haare kürzer tragen!", posaunte Mechthild. „Gute Idee, sie sieht sowieso aus wie Frau Pruzzelliese!", schnaubte Wolfgang zustimmend. Entsetzt griff ich an meine Haare. Seit ich hergekommen war, trug ich sie beständig offen. Bewusst tat ich dies, um Wolfgang und Mechthild nicht zu verärgern. Während ich zuvor meistens einen Pferdeschwanz getragen hatte, verzichtete ich auf das Haargummi. „Wir hängen sie an den Haken und holen den Bunsenbrenner! Dann brennen wir ihr die Haare nieder! Das würde mir Freude bereiten!" *Moment! Stopp! Was? Bunsenbrenner? Wollten sie mir etwa die Haare abbrennen? Nein! Das glaubte ich nicht!* Mein Kopf signalisierte: Flucht! Wie ein aufgescheuchtes Reh sprang ich vom Stuhl auf und lief zur Tür. Griff an die Klinke, doch die Tür war zugesperrt. Das Fenster! Wenn mir dieser Weg in die

Freiheit versperrt war, würde ich mich aus dem Fenster stürzen! Lieber brach ich mir ein Bein, als mich diesen widerlichen Menschen weiterhin auszusetzen. „Wo will sie denn hin?", lachte Wolfgang. Er rührte sich nicht. Beobachtete stattdessen, wie ich panisch versuchte, einen Ausweg aus der Hölle zu finden. Während ich zum Fenster eilte und mich an Mechthild vorbeidrängte, stellte sie mir ein Bein. Blitzschnell schob sie ihren Fuß vor meinen. Mit voller Wucht stürzte ich zu Boden, ein stechender Schmerz durchfuhr meinen Körper. „Es ist zwecklos Puppe! Gehen kannst du, wenn wir es dir erlauben!" Mechthild trat energisch mit ihrem Fuß in meine Flanke. Brutal, ohne Mitleid. Sie war ebenso sadistisch veranlagt wie Wolfgang, das erkannte ich augenblicklich. Auch wenn ich auf das Gegenteil gehofft hatte, von ihr würde ich keine Hilfe erwarten können. Vielleicht war sie in ihrem Wesen noch schlimmer als Wolfgang.

Kapitel 12

Sadisten

Auf ging es! Zum Abbrennen meiner geliebten Haare. In wieder ein anderes Zimmer. Sie sprachen von Ketten, Ringen, Anbindehaken, Peitschen und Spielzimmer. Wolfgang führte mich über den Flur und zu einem Zimmer, in dem ich zuvor nie gewesen war. Scheinbar handelte es sich um das berüchtigte Spielzimmer, von dem Mechthild mir erzählt hatte. Unter einem Spielzimmer konnte ich mir nichts vorstellen. Lieblos schob er mich vor sich her, schubste mich immer wieder.

Schneller laufen sollte ich. Mein Finger blutete noch immer, schmerzvoll drückte ich zwei Finger meiner gesunden Hand auf die blutende Wunde. Selbige hätte genäht werden müssen, aber jetzt war es zu spät. Ich überlegte fieberhaft, ob ich Tetanus geimpft war, doch es fiel mir nicht ein. Was machte es aus? Ich würde sowieso sterben. Ob an Wundstarrkrampf oder weil man mich zu Tode quälte. Das Zimmer da war es! Düster! Der pure Horror! In die Decke waren Haken geschraubt. Fleischerhaken, geschwungene Ösen, gedrungen, gedreht. Lange, kurze, rostige, goldene, silberne Haken und Ösen. Alles, was das Sadistenherz begehrte. An den Seitenwänden hingen mehrere Seile, Ketten, Handschellen, Knebel, Gerten und Peitschen mit langen ledernen Bändern. Mitten im Raum verweilte eine Liege und neben ihr lag eine dreckige Matratze. Das Zimmer allgemein war dreckig, unaufgeräumt und verkommen. Aus dem Fenster konnte ich ein Stallgebäude erkennen, welches mir zuvor noch nicht aufgefallen war. Das Haus, in dem ich zu Gast war, schien ein kleiner Kotten zu sein, ein Bauernhof. So erbärmlich, wie es in dem Zimmer stank, glaubte ich jedoch eher, ich befand mich auf einem Schlachthof für Schweine. An einer der Wände räkelte sich ein Kamin empor, die Asche drückte gegen das kleine Türchen, das den verbrannten Inhalt davon abhielt, auf den Boden des Zimmers zu rieseln. Neben dem Kamin stand eine Truhe, eine Art Gefriertruhe. Mein Gott, wo war ich? Mechthild betrat das Zimmer wenig später, sie war immer noch völlig nackt, genau wie ich. Ihre Brüste hingen tief, ausgeleiert waren sie. Nicht so zart und fest wie meine. Für einen Moment überlegte ich, wie schön meine Brüste doch im Gegensatz zu ihren waren. Welch ein Gedanke in dieser düsteren Situation.

Ob sie wohl Kinder hatte? Wenn ja, wo waren sie? Ihren Brüsten nach zu urteilen hatte sie Kinder, denn ausgeleierte Brüste deuteten auf ein Stillen eines Kindes hin. Ich hatte mich einst dafür interessiert. Für das Stillen von Säuglingen. Es sollte angeblich gegen Brustkrebs schützen. Zur Vorsorge beim Frauenarzt ging ich nur selten. Ich sträubte mich innerlich dagegen, meinen Körper einem fremden Mann auszusetzen, damit dieser ihn betrachten, befummeln, abtasten und untersuchen konnte. Mir war der Gedanke zuwider, also untersuchte ich meine Brüste regelmäßig selbst. Unter der Dusche. Tastete sie auf Knoten ab. Bisher war mein Ergebnis immer negativ gewesen, keine Knoten zu fühlen! Jedenfalls hatte ich in einer medizinischen Zeitung davon gelesen, dass das Stillen effektiv vor Brustkrebs schützen sollte. Der Gedanke, ein Kind an meinem Busen zu nähren, gefiel mir jedoch nicht. Nein, ich hatte niemals Kinder haben wollen, sie machten nur Lärm, Dreck und Ärger. Nervlich hätte ich das nicht ertragen können. Außerdem konnte ich nicht gut mit ihnen umgehen. Mir lag auf der Zunge, Mechthild zu fragen, ob sie Kinder auf die Welt gebracht hatte. Wenn ja, wollte ich wissen, wo sie waren. Nichts in dem Haus erinnerte an Kinder. Keine Foto, kein Spielzeug, nichts. Und doch glaubte ich, Mechthilds Brüste hätten Kinder genährt. Wolfgang hantierte an den Seilen herum, die an der Wand hingen. Ich stand vor Angst bebend und vor Kälte zitternd, wortlos im Raum und beobachtete ihn aufmerksam.
Wenn es mir gelang, an das Fleischermesser heranzukommen, ich würde ihn eiskalt abstechen. Das Messer hatte er jedoch wieder in die Schublade unter den Bürotisch gelegt. Sollte ich es riskieren? Über den Flur laufen, zurück ins Büro, und das Messer an mich

nehmen? Und dann? Zustechen? In seine Brust? In seinen Unterleib? Einfach so? Mitten hinein? Ja! Ich könnte es tun! Lauf Maria! Lauf! Worauf wartest du? Lauf über den Flur und hol das Messer! Nein, ich bleibe einfach hier und sterbe unaufhaltsam weiter, denn ich war nicht mutig genug. Mit jeder weiteren Minute, Stunde und weiterem Tag rückte ich dem Tod ein wenig näher. So fühlte es sich an. Mechthild hielt ihn in der Hand, den Bunsenbrenner. Sie zückte ein Feuerzeug, machte es an und hielt es an das Brennrohr. Eine Stichflamme schoss aus der Öffnung. Beinahe hätte sie sich ihre eigenen Haare abgefackelt. „Verbrenn dich nicht, Liebes!", ermahnte Wolfgang sie eindringlich. Mit dem Bunsenbrenner in der Hand schritt sie auf mich zu. Ich wich zurück. „Bleib stehen!", wies sie mich an. Sie streckte ihre Hand aus. Die Stichflamme kam mir bedrohlich nahe. „Dreh dich um! Die Haare müssen ab! Wenn du nicht zappelst, tut es auch nicht weh!" Mechthild lachte hysterisch. „Es stinkt nur so erbärmlich!", bemerkte Wolfang schnippisch aus dem Hintergrund. „Als ich noch Friseurin war, hätte ich den Kunden gern die Haare versenkt! Bis auf die Kopfhaut! Ich liebe den Geruch von verbranntem Fleisch!" Mechthild holte tief Luft. Wie ein blutrünstiges Tier, das den Angstgeruch seiner Beute aufnahm, inhalierte sie meinen ausgestoßenen Atem. Eine nackte Frau, mit hängenden Brüsten und einem Bunsenbrenner in der Hand, mutierte zu einer wilden Bestie. Angetrieben von der Lust, eine verletzliche Seele zu schikanieren. Sie in die Enge zu treiben und zu töten. Bevor sie zum Todesstoß ausholen wollte, würde sie ihr Opfer jedoch grausam quälen und es niederträchtig foltern. Welche Gedanken gingen dieser Frau durch den Kopf? War es die pure Lust am Sadismus? Lust am Töten? War sie selbst einst ein Opfer gewesen? Ein Opfer eines Menschen, der ihre Seele gequält hatte? War ihre eigene Seele so sehr vom Hass zerfressen, dass sie ihr dreckiges Seelenelend auf andere hilflose Menschen übertragen musste, um im Herzen Genugtuung und Befriedigung zu finden? Was hatte man dieser Frau angetan? Dieser Mensch schien ohne jedes Empfinden zu sein. Ohne Mitgefühl und ohne Herz. Mechthild ergriff meine Haare, sie tat das äußerst brutal. Meinen Kopf riss sie in den Nacken und der Bunsenbrenner senkte all meine Haare ab, die sie in ihren Händen hielt. Gnadenlos. Es stank erbärmlich. Ich wimmerte vor Angst. Zitterte so sehr, dass ich glaubte, ohnmächtig zu werden. Mich zu erbrechen, ging nicht mehr. Welche Stufe kam nach dem Erbrechen? Das Sterben! Es gab nichts anderes mehr, als den Gedanken daran, dass ich sterben würde. Stück für Stück starb ich innerhalb weniger Minuten immer ein bisschen mehr unter den grausamen Misshandlungen dieser Menschen. Es wurde unerträglich heiß an meinem Hinterkopf. Die Flammen durchschlugen die abgesenkten Haare und trafen meine Kopfhaut. Es stank nach verbranntem Fleisch. Der Geruch! Makaber! Nach einer gefühlten Ewigkeit war es schließlich vorbei. Ich sank in die Knie. Erschöpft, fertig, wehrlos, zu allem Übel auch noch haarlos. Nur ein paar Fetzen hingen noch herab, die an Haare erinnerten. Mechthild hielt mir einen Spiegel vor, sie schien mit dem Ergebnis äußerst zufrieden zu sein. „Schau dich an! Bist du nicht hässlich?“, lachte sie hämisch. Sie lachte wie eine alte dreckige Hexe. Traurig nickte ich. Ja, ich war hässlich, die herunterhängenden Haare glichen der einer Vogelscheuche. Es würde Jahre dauern, bis sie wieder nachgewachsen waren. Innerlich weinte ich, aber äußerlich kamen keine Tränen. Zu weit fort war ich von allem Menschlichen. Fort von dem, was eine menschliche Seele in ihren schlimmsten Albträumen mental erfassen und ertragen konnte. Irgendwann kam der Punkt, an dem nichts mehr ging. Ich funktionierte nur noch. Leblos war mein Inneres. Das Leben war aus mir gewichen. Mein Herz schlug und ich atmete. Mehr war es nicht mehr. Dabei waren meine Peiniger noch längst nicht am Höhepunkt ihrer Möglichkeiten angelangt. Sie legten mich in Ketten, hingen mich an den Haken. Kopfüber nach unten gerichtet, mit den Füßen unter die Decke. Wehrlos baumelte ich mit dem Kopf etwa zwei Handbreiten über dem Fußboden. Wolfgang nahm die Gerte und schlug mich. Zunächst auf meinen Hintern, dann seitlich, in den Bauchbereich. Zunächst eher zaghaft, dann fester. Aus seinen härteren Schlägen wurde Brutalität. Er legte die Gerte zurück und nahm eine der Peitschen von der Wand. Die mit den langen Lederbändern. Wie von Sinnen schlug er zu. Mechthild beobachtete ihn. Sie lachte und jauchzte, wippte mit dem Oberkörper auf und nieder. So sehr erregte sie das Schauspiel meiner Pein. Ihr Adrenalin gelangte in Wallung und sie labte sich an meinen Misshandlungen, an meinen Qualen. Es nährte ihre kranke Seele. Dann übernahm sie die Peitsche und schlug mir ohne Vorwarnung ins Gesicht. Schonungslos, ohne Reue oder Mitgefühl. Sie tat es aus blankem Hass. Ob es Absicht war, mein Gesicht zu treffen? Vielleicht schlug sie auch einfach nur wild auf mich ein und war selbst überrascht, welche empfindlichen Körperpartien sie schließlich traf, und wie ich auf die grausamen Schmerzen reagierte. Ihr Schlag war fester als der von Wolfgang. Schließlich verlor ich das Bewusstsein.

Kapitel 13

Flucht

Als ich wieder erwachte, lag ich nicht in meinem Bett, sondern ruhte auf einer Matratze. Ohne Kissen oder Decke, in einem Raum, den ich nicht gleich zuordnen konnte. Es war sehr dunkel in dem Zimmer. Nach Urin und Kot stank es. Ich versuchte, mich zu orientieren. Zeitlich und örtlich. Ein Fenster, ein zarter Lichtstrahl fiel hindurch. Weit oben in der Wand entdeckte ich es. Mühsam scannten meine erschöpften Augen den Innenraum ab, suchten nach einer Fluchtmöglichkeit. Dieses Fenster war unerreichbar. Falls es den Ausweg zu meinem Gefängnis freigeben sollte, so würde ich es nicht erreichen können. Ich schätzte die Höhe der Wände auf etwa vier Meter. Mühsam räkelte ich mich auf der Matratze. Zu meinem Entsetzen war ich noch immer nackt. Mich fröstelte es. Ich richtete mich auf, brachte meinen Körper auf Spannung und wollte mich umsehen. Wo war ich? Es herrschte Stille in meinem Gefängnis. Bedrohliche Stille. Der Tod war mir sehr nahe. Alles an und in mir schmerzte. Ich verspürte den Drang zu Trinken. Wasser! Irgendwo musste doch etwas zum Trinken sein? Wollten Mechthild und Wolfgang mich tatsächlich verrecken lassen? Ohne Wasser und ohne Nahrung? War ich eine Art Experiment? Wollten sie schauen, wie lange ich ihr mieses Spiel durchhalten würde? Durchhalten, unter diesen Extrembedingungen zu überleben? Etwas kleines Schwarzes huschte an mir vorbei, eine Ratte wahrscheinlich. An Mechthilds Worte erinnerte ich mich. Wenn ich nicht gehorchen würde, würde man mich in den Keller sperren. Dort gäbe es Ratten. Im Keller befand ich mich also, gefangen in einem düsteren Verlies, in dem die Ratten regierten und die Dunkelheit herrschte. Mein Rücken war übersät mit roten Striemen. Einige der Hautrisse bluteten. Das Blut an meinem Finger war mittlerweile getrocknet, aber er wurde an seiner Spitze verdächtig dunkel. Entsetzt knibbelte ich die vertrocknete Kruste ab. Tatsächlich, er schien abzusterben. Wenn mir Wolfgang das nächste Mal begegnete, würde ich ihn bitten, mir den Finger mit dem Fleischermesser abzutrennen. Der Finger würde sowieso absterben. Abfaulen, besser gesagt. Garantiert würde ich an einer Blutvergiftung sterben. Bis ich wieder ein menschliches Wesen vor die Nase bekam, vergingen zwei Tage. Zwei Tage, an denen ich ohne Wasser und Nahrung aushalten musste. Außerdem gab es keine Kleidung für meinen frierenden Körper. Keine wärmende Decke, nichts außer der Dunkelheit, Ratten und ein paar kreischenden Krähen, die draußen oberhalb des Fensters vor meinem Verlies ihre Kreise zogen. Zwischendurch fantasierte ich immer wieder. Träumte von meiner Mutter. Schimpfend stand sie vor der Matratze. „Maria, hab ich dir nicht gesagt, die Welt da draußen ist schlecht? Warum hast du nicht auf mich gehört? Warum hast du eigentlich nie das getan, was ich dir gesagt habe? Maria?“ Wasser! Einen Wasserfall erblickte ich in meinem Delirium. Ich lief ihm entgegen. Frisch sprudelnd stürzte er in die Tiefe eines herrlichen Gebirgssees. Auf weichem, grünem Gras lief ich. Sofort, als ich den Wasserfall erreichte, streckte ich meinen Kopf in seine wuchtige, kraftvoll abwärtsfallende Strömung. Meine Lebensrettung in der letzten Sekunde. Kühles, erfrischendes Nass belebte meine Sinne, hauchte mir neues Lebensgefühl ein. Während ich auf der dreckigen Matratze vor mich hinvegetierte, fieberte und fantasierte, war Mechthild die Stufen zu meinem Gefängnis hinuntergestiegen. Mein Zustand hatte ihr signalisiert, dass ich nicht mehr lange durchhalten würde. Sie nahm einen Eimer voll Wasser und kippte ihn mir kaltblütig über das Gesicht. Während ich glaubte, an einem wundervollen, prächtigen Wasserfall meine durstende Kehle zu laben, holte Mechthild die Lebensgeister in mir zurück. Auf eine brachiale Weise, deren Wirkung jedoch ein wahres Wunder vollbrachte. Ich war wieder bei Sinnen. „Man sollte dir einen Spiegel bringen! Du müsstest dich einmal ansehen, wie du aussiehst!" Mechthild stemmte verärgert die Arme in ihre Hüften. Sie trug wieder Kleidung am Leib. Als ich sie das letzte Mal gesehen hatte, war sie nackt. „Ich möchte bitte nach Hause!", jammerte ich erschöpft. „Ja, das möchten sie alle!", entgegnete Mechthild forsch. Sie reichte mir den Eimer, den sie zuvor über mich geschüttet hatte. Eine kleine Wasserlache befand sich noch darin. „Hier, trink mal! Du machst ja sonst völlig schlapp!" Gierig riss ich ihr den Eimer aus den Händen und legte ihn an meine trockenen Lippen, kippte alles hinein in meine verdorrte Kehle. „Bitte, lass mich gehen! Bitte!" Flehend blickte ich in Mechthilds Augen. Sie waren so kalt, lieblos und ohne Mitleid. Sie schüttelte den Kopf. „Ein wenig wirst du dich noch gedulden müssen, Engelchen!" Mechthild warf mir eine Decke zu. „Hier, damit du nicht erfrierst!" Sie machte auf dem Absatz kehrt und verließ mein Gefängnis. Sie stieg die Treppenstufen hinauf und verriegelte die Tür. Sie hatte mir nichts zu essen mitgebracht, nichts zum Anziehen dagelassen. Lediglich eine Wolldecke und eine kleine Pfütze Wasser in einem Eimer, auf dem ich in großgeschriebenen Buchstaben las: „Mayonnaise". Wie gnädig von ihr. Mechthild, meine

Lebensretterin. Dankbar war ich. Ironisch betrachtet. Wäre sie nicht gekommen, ich hätte es hinter mir gehabt. Dabei glich es mittlerweile einem Fluch in diesem Haus, nicht sterben zu dürfen. Es schien, als würden Mechthild und Wolfgang mich am Leben erhalten wollen. Jedoch nur am Minimum meiner organischen Möglichkeiten. Sie ließen mich nicht sterben und ließen mich nicht leben. Sie trugen garantiert die Absichten mit sich herum, mich früher oder später zu töten. Davon war ich nach wie vor überzeugt, aber sie taten es bewusst langsam, ganz langsam. Die Freude am Töten, das gefiel ihnen. Mir beim Sterben zuzusehen erfreute ihre Seelen. Ich dachte an die Truhe im Spielzimmer. Ob sie das zerstückelte Fleisch nach meinem Tod wohl dort aufbewahrten? Woher wollte ich jedoch wissen, dass sie mich zerstückelten? Bestimmt würden sie es tun! Vielleicht lagen in der Truhe bereits abgetrennte Gliedmaßen anderer Frauen, die sie zuvor gepeinigt und gequält hatten. Frauen, die vor mir hergekommen waren, in die Hölle von Bossenborn, mit der Absicht, hier die Liebe ihres Lebens zu finden. In Wolfgang! Dem Frauenhelden! Ich musste nachsehen, unbedingt! Ich wollte die Wahrheit erfahren, über das Pärchen, das sich mir vor einigen Wochen als besonders vertrauensvoll vorgestellt hatte. Auf das ich aufmerksam geworden war über eine Kontaktanzeige im Internet, und von dem ich mittlerweile glaubte, es wären die Hauptdarsteller aus dem Film Tanz der Teufel. In die Truhe wollte ich einen Blick werfen. Unbedingt! Und in die umliegenden Stallgebäude. Irgendwie musste es mir gelingen, mich aus dem Gefängnis dieser perversen Menschen befreien zu können! All meine Kräfte nahm ich zusammen, wickelte mich in die Decke, erhob mich von der Matratze und torkelte durch mein Verlies. Wie betrunken fühlte ich mich. Auf Knien krabbelte ich die Treppe hinauf, die Tür war verriegelt. Da war nichts zu machen. Ich warf einen vorsichtigen Blick durch das Schlüsselloch und erkannte den Flur. Das grauenvolle Bild von Wolfgang, das ihn beim Angeln zeigte, erkannte ich ebenfalls. Ich legte mein Ohr an das Schlüsselloch. Es war nichts zu hören. Bestimmt war niemand zu Hause. Zwischendurch mussten die beiden ja auch mal das Haus verlassen. Zum Einkaufen, zum Arzt, zum Friseur. Das wäre meine Chance gewesen! Ich müsste lediglich versuchen, die Tür aufzubrechen. Vielleicht fand ich im Keller ein Brecheisen oder einen Draht, mit dem ich versuchen könnte, die Tür zu öffnen. Ich hatte nichts zu verlieren. Mein Vater hatte mir einmal vor vielen Jahren gezeigt, wie ich mit einem feinen Draht Türen öffnen konnte. Was sollte ich stumm und tatenlos auf mein bitteres Ende warten? Einen Versuch, mich zu befreien, war es auf jeden Fall wert. Ich krabbelte die Stufen wieder hinunter, die letzten Drei nahm ich ungewollt zusammen, weil ich ausrutschte. Ich veranstaltete einen riesen Lärm, als ich die Treppe hinunterfiel. Mein Herz schlug mir bis zum Hals. Ich wartete auf das Aufreißen der Kellertür. Mechthild oder Wolfgangs wütendes Geschrei, warum ich solch einen Lärm veranstaltete, doch nichts geschah. Niemand kam, nichts regte sich oberhalb des Kellers. Das Haus schien ausgestorben zu sein. Ich war mir sicher, allein zu sein. Meine Peiniger waren fort. Natürlich war es nur eine Frage der Zeit, bis sie zurückkehrten, aber es war meine Chance! Wie verrückt durchwühlte ich die finsteren Kellerecken. Was ich genau suchte, wusste ich nicht. Ich fand einen Kamm, einen Draht und mehrere Socken. Mit dem Draht bewaffnet, machte ich mich wieder auf allen Vieren auf den Weg zur Tür. Am Schlüsselloch versuchte ich, den Schieber umzulegen, indem ich in den Draht hineinschob. Immer wieder bog ich ihn zusammen, damit er eine festere Fläche bot, um das Schloss eventuell herumdrehen zu können. Irgendwann, nach endlosen Versuchen, gelang es mir tatsächlich. Es klickte verräterisch und das Schloss sprang tatsächlich auf. Ich konnte es kaum glauben. Mein Glück gar nicht fassen, als die Tür aufsprang. Ich lachte, jubelte, triumphierte und weinte. „Hallo!“, schrie ich in den Hausflur. Ich glaubte, es wäre besser, erst einmal abzuklären, ob ich wirklich alleine war. Niemand antwortete. Es gab einen Durchgang zur Garage, ich könnte nachsehen, ob das Auto sich in ihr befand. Ich lief durch den Flur. Immer wieder glaubte ich, das Bewusstsein zu verlieren. Erschöpft und am Ende war ich. Meine Hoffnung trieb mich jedoch vorwärts. Im Flur hing ein Spiegel. *Nein! Nicht hinein sehen, Maria! Schau nicht hinein!* Oh doch, ich blickte hinein. Bewusst tat ich es. Es war wie selbstverständlich für mich, im Vorübergehen in den Spiegel zu schauen. Wer hätte ohne einen Blick hineinwerfen zu wollen, an einem Spiegel vorbeigehen können? Oh mein Gott, welche Vogelscheue erblickte ich da? Schlimmer noch als eine Vogelscheuche sah ich aus! Ich sah aus wie die Kreatur aus dem Film der Exorzist. Die Kreatur, die vom Teufel befreit werden musste. Entsetzt lief ich weiter, das Spielzimmer! Die Truhe! Ich musste hineinsehen. Ich wollte die zerstückelten Leichenteile anschauen. Ich war überzeugt davon, dass sich dort unter dem schweren Truhendeckel Leichenteile befanden. Die Tür zum Spielzimmer war verriegelt. Verdammter Mist! Die Garage, von dort gab es einen

Durchgang zu den Stallgebäuden. Die zwei Treppenstufen stolperte ich hinunter und fiel hin. Das Gleichgewicht zu halten gelang mir nur mit größtem Kraftaufwand. Mühevoll zog ich mich an einer Leiter, die an der Wand hing, wieder hoch. Neben der Leiter hing ein Blaumann. Einer dieser Anzüge, die man zum Arbeiten trug. Erleichtert und dankbar über meinen Beutezug, streifte ich den Overall über. Endlich, Kleidung auf meiner geschundenen Haut. Etwas Wärme erfahren zu dürfen war ein Gefühl wie Weihnachten. Herrlich! Barfuß und mit einem Monteuranzug bekleidet schlich ich weiter. Eine Tür gab es in der Garage neben dem heruntergelassenen Tor, durch welches man mit dem Auto in die Freiheit gelangte. Die Türklinke ließ sich öffnen. Hereinspaziert in den Kuhstall! Zumindest roch es streng nach Kuh in diesem Gebäude. In den Melkständen lagen noch Überreste von Stroh und Kuhfladen. Neugierig stapfte ich entlang der Vorrichtungen, in denen vor längerer Zeit anscheinend Kühe ihre Milch hergeben mussten. An den Wänden hingen Spinnennetze. Alles war verdreckt, vergilbt, verschimmelt und verlassen. Alte, vergessene Gerätschaften hingen an den Wänden in den dafür vorgesehenen Vorrichtungen oder standen leblos in den Ecken des Stallgebäudes. Alles schien seit Jahren unbenutzt, ein Wunder, dass Wolfgang ihre Funktionen nicht bereits für sich und seine perversen Spielchen entdeckt hatte. Die Fensterscheiben glänzten schwarz. Vor Dreck. Einige tote Vögel hingen mit den Köpfen aus den Nestern gerichtet, welche auf dem Stallboden lagen. Wahrscheinlich heruntergefallen von den staubigen Wänden. Einfach so. Die Vögel hatten beim Sturz auf den Boden wahrscheinlich ihr Leben verloren. Ich stolperte über undefinierbare Gegenstände, die am Boden lagen. Eine Tür erspähte ich ganz am anderen Ende des Gebäudes! Die Tür zu meiner Freiheit? Wollte ich fliehen? Mein Gefängnis verlassen? Ich war mir nicht mehr sicher. Wie sollte ich vorgehen? Einfach dieses dreckige Kaff, in dem ich von Sadisten gefangen gehalten wurde, verlassen und mich so verhalten, als wäre nichts geschehen? Sollte ich mich auf dem schnellsten Weg zur Polizei begeben? Wo wäre sie gewesen, die nächste Polizeistation? Auf dem Weg zur Tür, von der ich glaubte, sie würde mich in die Freiheit entlassen, gingen mir viele Gedanken durch den Kopf. Ich spürte Unsicherheit. In meinem Kopfkino sah ich, wie Wolfgang und Mechthild in Handschellen aus dem Gebäude, ihrem Zuhause abgeführt wurden. Die beiden netten Nachbarn von nebenan. Die freundlichen Menschen, die mich im Internet geködert hatten und mit meinem Leben spielten, als befänden wir uns im Brettspiel Monopoly. Sie schoben mich zwischen sich hin und her wie eine menschliche Figur auf dem Spielfeld eines Schachbretts. Die Höchststrafe sollten sie erhalten. Beide! Menschen wie diese durften niemals wieder die Freiheit erlangen, geschweige denn, sich unter Menschen tummeln. Als ich die Tür erreichte, zerbrachen all die wunderbaren Vorstellungen über meine Freiheit und die Verhaftung Wolfgangs und seiner Gehilfin Mechthild. Die Tür war ebenfalls zugesperrt. Kein Schlüssel weit und breit. Entsetzt suchte ich den Türrahmen ab, tastete mit meinen Händen entlang der Ritzen und Fugen. Irgendwo musste doch der verdammte Schlüssel sein, der mir den Weg in die Freiheit schenkte. Enttäuscht betrachtete ich die Fenster, sie waren nicht zu öffnen. Nur einen Spalt breit, durch diesen konnte ich mich unmöglich zwängen. Auch wenn ich im Besitz eines sehr schlanken Körpers war, so dünn war ich nun doch nicht, um hindurchzupassen. Also musste ich den Weg wieder zurückgehen. Zurück zur Garage. Vielleicht ließ sich das Tor irgendwie öffnen, um in die Freiheit zu gelangen. Missmutig stapfte ich zurück, meine Füße schmerzten, mein verletzter Finger war bereits schwarz geworden. An ihm war wahrscheinlich nichts mehr zu retten. Ich zog den Ärmel des Overalls ein wenig hoch und betrachtete skeptisch meine Armbeuge. Noch kein roter Strich zu sehen. Also keine Blutvergiftung? Das hielt ich für unwahrscheinlich. So wie mein Finger aussah, würde die Verletzung unweigerlich zu einer Blutvergiftung führen. Mittlerweile war es mir auch egal. Man hatte mich um meinen Stolz und um meine Würde gebracht. Mein Vertrauen ausgenutzt und mich emotional ausgebeutet. Aus purer Freude. Aus Spaß an der Freude, mich zu quälen. Sicherlich würden Wolfgang und Mechthild mich umbringen, wenn sie zurückkämen und erkannten, dass ich versucht hatte, zu flüchten. Falls sie mich nicht gleich umbrachten, würden sie mich jedenfalls bestrafen und das heftig, hinsichtlich der Tatsache, dass ich flüchten wollte. In ihren Augen waren sie die liebevollen, fürsorglichen Gastgeber, denen ich nur Ärger bereitete. Mich den Hausregeln widersetzte, nannte es Wolfgang. Nichts anderes schwirrte in meinem Kopf umher, als der Gedanke an meinen bevorstehenden Tod. Ich wusste, ich würde ihn erleben, aber die Hoffnung, ihn doch noch irgendwie verhindern zu können, trieb mich weiter vorwärts. Den Horrorhof sollte ich möglichst verlassen haben, bevor sie zurückkehrten. Ich sah mich zur Eile veranlasst. Plötzlich bekam ich Angst! Angst, was passieren würde, wenn die beiden erfuhren, dass ich mich aus meinem Gefängnis befreit hatte. Vor dem Sterben hatte ich weniger Angst, als vor dem Gedanken, wie man mich sterben lassen würde. Welche Grausamkeiten man sich für mich ausdachte. Neben der Tür zur Garage befand sich noch eine kleinere Holztür. Ob es dort vielleicht hinausging? Ich drückte die Klinke, sie gab nach. Die Tür öffnete sich. Ein Raum ohne Fenster lag vor mir. Stockdunkel! Ich fühlte nach dem Lichtschalter. Ertastete suchend mit meinen Händen die Steinwände. Ich wurde fündig, das Licht ging an. In dem Raum stank es bestialisch nach totem Tier. Das war der erste Gedanke, der in mir aufkeimte. Tod und Tier. Als sich meine Augen an den schwachen Lichtstrahl gewöhnten, der dem Zimmer ein wenig Leben einhauchte, erschrak ich fürchterlich. Erstarrte. In der Ecke des Raumes lagen zwei tote Hunde übereinandergeworfen. Achtlos weggeworfen, in die Ecke gekarrt. Vorsichtig trat ich näher heran. Ein Schäferhund und ein Mischling aus irgendwas. Der glich einem Labrador. Ihre Zungen hingen aus den Mäulern. Die Augen waren entsetzlich weit aufgerissen und hervorgequollen. Starr vor Angst, schien es mir. Seitlich der Hunde lehnte eine Mistgabel an der Wand. Ich ergriff sie und schob mit ihren Zinken die Hunde ein wenig auseinander. An ihren Hälsen trugen sie keine Halsbänder, sondern Ketten. Eisenketten, die unheimlich stramm an den Hälsen der Tiere lagen. Scheinbar waren die Hunde stranguliert worden. Wie grausam! Ich schätzte den Tathergang nicht älter als zwei Wochen, hinsichtlich der einsetzenden Verwesung an den Körpern der Hunde. Warum strangulierten Menschen ihre eigenen Tiere? Auch aus Spaß oder aus purer Freude am Töten? An den ehemaligen Nachbarn aus unserer Straße erinnerte ich mich, als ich noch ein kleines Kind war. Franz hieß er. Er besaß ebenfalls einen Schäferhund und dieser bellte außergewöhnlich viel, er schlug diesen Hund jeden Abend. Mit einem Stock, einer Gerte oder mit der Kette, an der der Hund angebunden war. Aus meinem Fenster beobachtete ich das Geschehen. Eines Tages war der Hund mit Namen Bob verschwunden. Ich glaubte, er habe endlich die Freiheit gefunden und konnte seinem widerlichen Besitzer entfliehen. Wenige Tage später fand man jedoch den leblosen Körper des toten Hundes im Wald, in einer Tannenschonung. Die Leute aus dem Ort sprachen von Mord. Franz habe seinen Hund erschlagen und sich ihm im Wald entledigt. Mit Fingern zeigten sie auf den jungen Mann, dessen Eltern früh verstorben waren und er den elterlichen Hof übernommen hatte. Franz hatte keine Kinder und keine Frau. Lediglich der Schäferhund Bob leistete ihm Gesellschaft bei seinem erbärmlichen Dasein. Erbärmlich, weil ihn niemand aus dem Dorf so recht leiden mochte. Franz war ein Außenseiter. Er besuchte weder den Sonntagsgottesdienst, noch beteiligte er sich an Dorfabenden. Zurückgeblieben sei er, schimpften die alteingesessenen Dorfbewohner hinter vorgehaltenen Händen. Nachdem sie darüber sprachen, dass Franz seinen einzigen, treuen, vierbeinigen Freund umgebracht hatte, begann für den jungen Mann ein Spießrutenlaufen. Man bewarf ihn mit Steinen, wenn er das Haus verließ. Die Jungen aus unserem Ort versteckten sich in der Dornenhecke nahe seinem Haus und warteten, bis Franz vor die Tür trat. Eines Tages fielen sogar Schüsse. Selbstjustiz nannte mein Vater die Reaktion der Dorfbewohner. Franz zog irgendwann fort und der Hof verfiel. Wir Kinder spielten in den Ruinen. Der Hof, auf dem ich gefangen gehalten wurde, glich eben dieser Ruine aus meiner Kinderzeit. Schaurige Orte, Orte der Verdammnis und des Todes. Ich überlegte, wer von den beiden die Hunde wohl stranguliert hatte. Mechthild oder Wolfgang? Eigentlich hatte ich in Mechthild einen liebevollen Menschen vermutet. Zunächst glaubte ich, sie wäre nur eine Mitläuferin gewesen. Nachdem sie mir jedoch die Haare abgesengt hatte und sich an meinem Leiden so offensichtlich erfreute, wurde mir bewusst, dass beide Menschen die Ausgeburt des Satans waren. Wenn ich im Stall tote Hunde vorfand, dann gab es im Haus wahrscheinlich auch tote Menschen. Ich tippte intuitiv auf das Spielzimmer. Die Truhe! Leider war das Zimmer verschlossen und der Blick in ihr Inneres blieb mir verwehrt. Ich würde zurück zum Haus schleichen und die Polizei anrufen. Ich musste mich beeilen. Bevor meine Peiniger zurückkehrten, musste ich die Polizei informiert haben, dass man mich auf dem Horrorhof in Bossenborn gefangenhielt. Plötzlich hörte ich draußen ein Motorengeräusch. Das Auto! Der alte Kombi knatterte den Kiesweg entlang. Mechthild und Wolfgang waren zurück! Schnell hastete ich entlang des Stallgebäudes zur Garage. Ich musste sie unbedingt vor den beiden erreichen. Wenn sie mich entdeckten, nicht auszudenken. Wohin sollte ich? Wo sollte ich mich verstecken? Mein Herz schlug mir bis zum Hals. Ich lief so schnell ich konnte, stolperte mehrere Male über die langen Hosenbeine meines Overalls. Mühsam fing ich mich ab, um nicht hinzufallen. Mein Atem ging keuchend. Als ich die Garage erreichte, surrte bereits das Tor, durch das in wenigen Sekunden der Kombi hereinrollen würde. Schneller! Schneller, Maria! Ich erreichte die Tür. Schnell humpelte ich hindurch. Da ich so in Eile war, fiel ich die Stufen hinunter. Alle auf einmal. Es rumpelte, krachte und ächzte. Eine gefühlte Ewigkeit überschlug ich mich, bis ich wieder festen Boden unter meinem Körper spürte. Immerhin lebte ich nach diesem fürchterlichen Sturz noch. Gedanklich machte ich drei Kreuzzeichen. Ich hätte mir genauso gut das Genick brechen können. Im Haus vernahm ich Geräusche. Die beiden waren also zurück. Zurück von ihrer Einkaufstour. Sie, das Folterpärchen. Es schien, als würden die Herrschaften streiten, ich vernahm laute, aufgebrachte Stimmen. Sicherlich würden sie bald das heruntergefallene Bild im Flur entdecken, das ich in der Eile heruntergerissen hatte. Mühsam quälte ich mich aus dem Overall und legte ihn unter die Matratze, auf der ich gebettet war. Die Wolldecke zog ich über meinen fröstelnden Körper. Eine wärmende Dusche wäre jetzt schön gewesen. Welch ein herrlicher Gedanke. Noch schöner war der Gedanke, ein warmes Bad zu nehmen! Im Kerzenschein und mit wohligen Düften, was hätte ich dafür gegeben, in das heiße Wasser steigen zu dürfen und meinen geschundenen Körper pflegen zu können! Seit Tagen hatte ich keine Nahrung zu mir genommen. Mein Magen knurrte. Mein Finger, oh weh! Er schmerzte wie gehabt, brannte wie Feuer. Meine Knochen, von ihnen spürte ich jeden Einzelnen. Neben mir lag mein Tagebuch, es war mittlerweile ganz dreckig. Die rot-gelben Blümchen waren schwarz von Dreck und Staub. Ich kritzelte mit dem Kugelschreiber hinein, dass meine Flucht gescheitert war, weil ich zu viel Zeit im Stallgebäude verbracht und über die toten Hunde nachgedacht hatte. Wie dumm von mir! Die Flucht hätte mir durchaus gelingen können und meine Dummheit musste ich wahrscheinlich nun mit dem Leben bezahlen!

Voller Enttäuschung, über meinen gescheiterten Gang in die vermeintliche Freiheit, schlief ich schließlich ein. Von dem Streit zwischen Mechthild und Wolfgang bekam ich nichts mehr mit. Ebenso wenig von Mechthilds Gejammer darüber, dass ein Bild von der Wand gefallen war.

Kapitel 14

Das Grauen geht weiter

„Aufstehen, sofort!“ Ein lauter Peitschenknall riss mich aus meinem ruhelosen Schlaf. Hin und her gewälzt hatte ich mich auf der dreckigen Matratze. Einige Male fiel ich in einen kurzen Sekundenschlaf, dann wiederum schreckte ich auf, geweckt von irgendwelchen undefinierbaren Geräuschen. Erschöpft öffnete ich meine Augen. Nur einen kleinen Spalt breit gelang es mir. Sie waren verklebt. Der nächste Peitschenknall durchbrach die Stille. Das Ende der Ledergerte, ein Seil, traf mich empfindlich über meinen Brüsten. Jemand hatte mir die Wolldecke entrissen. Welch ein Schmerz meinen Körper durchfuhr! Unbeschreiblich! Für einen Moment dachte ich an die Menschen, welche an Sadomaso Spielen Gefallen fanden. Gertenschläge, auf das blanke Gesäß und auf die Brüste. Welch ein Horror! „Aufstehen!“ Die Stimme war mir vertraut. Mechthild. Unbarmherzig schwenkte sie die Lederpeitsche. „Mitkommen!“ Ihre Anweisungen waren kurz und knapp. Ächzend wuchtete ich meinen ausgemergelten Körper von der Matratze. Mechthild schob mich vor sich her, die Treppe hinauf. Sie dirigierte mich über den Flur in das Spielzimmer.

Wolfgang saß bereits hinter dem Bürotisch. Seine Fingerspitzen berührten sich zu einem Dreieck. Wolfgang vermittelte optisch einen wichtig erscheinenden Eindruck. Wie ein Oberstaatsanwalt, dem ich zur Anklage vorgeführt wurde. „Kannst du der Frau nicht mal was zum Anziehen geben? Sie sieht ja fürchterlich aus! Da vergeht einem ja alles! Da verliert man doch jegliche Lust!“, jammerte Wolfgang. „Vielleicht sollten wir sie zuerst einmal gründlich säubern!“ Mechthild schniefte lautstark in ein Taschentuch. Wolfgang erhob sich von seinem Thron. Er trat mir sehr nahe und begutachtete mich skeptisch. „So, Madame!“ Du hast also versucht, uns zu verlassen! Interessant! Dein Pech nur, dass du gescheitert bist, was? Weißt du, was man mit Menschen macht, die sich anderen Menschen widersetzen?“ Ich nickte stumm. „Ja, dann sag sie mir, die Antwort!“ Wolfgang lief unruhig neben mir auf und ab. Wie ein Tiger, der auf den richtigen Moment des Angriffs wartete. Die Arme hielt er auf seinem Rücken verschränkt und räusperte sich mehrere Male. „Bestrafen!“, antwortete ich. „Genau!“ Wolfgang nickte zustimmend. „Und ich muss mir etwas Besonderes einfallen lassen für dich! Denn immerhin verschmähst du unsere Gastfreundschaft! Widersetzt dich den Regeln des Hauses, den Regeln des Hausherren, und beleidigst uns durch deine undankbare Art!“ „Ich möchte bitte nach Hause gehen!“, brach es schließlich aus mir heraus. Wolfgang lachte leise. „Nach Hause? Du bist doch hier noch gar nicht fertig! Die Therapie scheint bei dir ja nicht im Geringsten anzuschlagen! Aus der Klinik werden die Patienten erst dann entlassen, wenn sie stabil genug sind, ihr Leben wieder in die eigenen Hände zu nehmen! Davon bist du noch meilenweit entfernt!“ Ich fiel auf die Knie, faltete die Hände und blickte Wolfang ins Gesicht. Flehend! Bittend! „Bitte, lasst mich gehen!“, bettelte ich. Wolfgang lachte. Sein Pferdegebiss zeigte sich in seiner ganzen Hässlichkeit. Ihn würde ich nicht erweichen können. Dort, wo das menschliche Herz saß, steckte bei ihm in der Brust ein Stein. Ich hätte vor ihm krepieren können, es hätte ihn nicht die Bohne interessiert. Mit einem kräftigen Stoß trat er mir in die Flanke. „Los! Aufstehen!“ Mühsam richtete ich mich wieder auf. „Wir machen sie in der Kammer sauber! Mit dem Hochdruckreiniger! Danach bekommt sie mal eine ordentliche Tracht Prügel!“ Wolfang nickte Mechthild augenzwinkernd zu, während er ihr die Anweisung für das weitere Vorgehen gab. Mechthild schob mich also wieder aus dem Zimmer hinaus, über den Flur. Vorbei an dem Bild, welches ich zuvor aus Versehen von der Wand gerissen hatte. Jemand hatte es wieder aufgehängt. Ich spürte Erleichterung. Erleichterung, dass es nicht zerborsten war. Es hätte mir leidgetan. Trotz, dass man mich beinahe steinigte, verspürte ich Schuldgefühle, wenn ich etwas zerbrochen hätte, was meinen Peinigern gehörte. Es ging weiter in den Stall. In einer finsteren Ecke des Stallgebäudes schien eine Art Waschplatz zu sein, eine Waschbox für Tiere. Kühe oder Pferde, glaubte ich. In einem Reitstall hatte ich eine derartige Vorrichtung einmal gesehen. Vor zig Jahren, ich hatte dort Reitstunden nehmen wollen, doch leider taugte ich als Reiterin nicht wirklich. Meine Angst war zu groß. Die Angst vor den unberechenbaren Tieren! Sie hinderte mich daran, einem schönen Hobby nachzugehen. Im Einklang mit einem Tier die Natur zu erkunden, schien mir ein großer Gewinn hinsichtlich meiner Lebensqualität zu sein. Der Traum zerplatzte. Dort in dem Reitstall, der nahe der Rennbahn gelegen war, hatte ich sie gesehen, die Waschbox, in der man den Pferden die Hufe wusch und den Schweif der edlen Rösser frisierte. Die Tiere für ein Turnier oder ein Pferderennen herrichtete. Ein großer Schlauch hing von der Decke herab. Missbilligend betrachtete ich ihn. Die Düse, aus der das Wasser gelangte, war riesig. Der Wasserstrahl musste von gigantischem Ausmaß sein. Eine solch große Brause hatte ich nie zuvor gesehen. Mechthild hielt plötzlich ein Lederband in ihren Händen. Ein Hundehalsband, sie legte es mir um die Gurgel und zog es eng zu. Für einen Moment glaubte ich, sie würde mich strangulieren. Ich dachte an die toten Hunde, wahrscheinlich würde sie mich später zu ihnen auf den Haufen legen, wenn ich tot war. Sie müsste mich über den Boden zerren, um zu der Kammer zu gelangen. Mit dem Halsband wäre das möglich. Wenn sie ein Seil durch den Ring zöge, könnte sie mich hinter sich her schleifen. Mir wurde übel. Meine eigenen Gedanken waren bald sadistischer, als die Vorgehensweise dieser menschlichen Kreaturen. Ich erschrak zutiefst über mich und meine perversen Gedankengänge. Meine Fantasien waren ekelerregend. Mechthild band meine Hände hinter meinem Rücken zusammen. Unbeeindruckt dirigierte sie mich in diese Waschbox. In der Mitte, im abgewetzten Beton steckte ein kleiner Gullideckel. Ein rostiges Gitter zierte das Loch, durch welches das Wasser hindurchlaufen sollte. Missmutig betrachtete ich den Ablauf. Rote Flecken zierten den Abflussbereich. Blut, überall Blut! Mein Gott! Ein Blutfleck neben dem anderen. „Da herüber!“, fauchte Mechthild. Sie positionierte mich am Ende der Box unter einem Eisenring. Er hing zwei Köpfe oberhalb, einbetoniert in der Wand. In dem Ring hing eine Kette mit einem Karabiner. Dieser baumelte leblos an der Mauer. Mechthild hakte den Karabiner in meinen Halsring und drückte mich an die Wand. „Du siehst aus wie ein Dreckschwein!“, schimpfte sie. „Dankbar solltest du sein, dass ich dir die Gnade erweise und dich mit dem teuren Wasser aus unseren Stadtwerken abspritze! Die Preise werden jedes Jahr angezogen! Unser Hausbrunnen ist trocken. Er gibt kein Wasser mehr her, weil ich all die vielen Frauen säubern musste. All die ungläubigen, dreckigen Schlampen, die herkamen. Zu uns auf den Hof. So wie du! Wascht ihr euch zu Hause eigentlich auch nicht? Mögt ihr diesen Dreck an eurem Leib? Ihr seid außen ebenso dreckig wie innen, in eurer Seele, ihr seid Hurentöchter! Das Herz sollte man euch rausreißen, und den Hunden zum Fraß vorwerfen! Hunde mögen Innereien und sie sind gesund! Unsere Hunde bekommen nur Innereien zum Fressen. Herz und Leber! Jedoch würde ich solch ein dreckiges Organ wie deines, meinem vierbeinigen Freund niemals anbieten. Pfui Teufel!“ „Wo sind die Hunde?“, wisperte ich leise. „Draußen, im Garten! Sie spielen in der Sonne!“ Wolfgang wird sie gleich füttern! Wir haben ein Schaf gekauft. Es liegt hinten im Auto, tot. Wolfang hat es selbst geschächtet. Es ist ausgeblutet. Wir bekommen die Tiere billiger, wenn Wolfgang sie zuvor tötet. Er wird das Schaf später ausweiden und den Hunden die Innereien servieren. Die Tiere freuen sich immer so sehr, wenn Wolfgang zu ihnen kommt, um sie zu füttern! Sie sind auf ihn fixiert, mich mögen sie nicht! Aber das ist egal! Es sind seine Hunde! Sie gehorchen ihm aufs Wort! Vielleicht darfst du nachher zusehen, wenn er sie füttert! Vom Stallfenster aus kann man zum Hundezwinger hinübersehen!“

Mechthild sprach mehr als überzeugend über die Hunde, von denen ich wusste, dass sie tot, und keine weiteren auf dem Hof zu finden waren. Wenn es so gewesen wäre, hätte ich das Bellen eines Hundes vernehmen müssen. Das war in den ganzen Tagen, in denen ich bereits in dem Horrorhaus zugegen war, nicht einmal der Fall gewesen. Scheinbar war Mechthild psychisch krank, schwer krank. Kranker, als ich es war. Sie erzählte von Dingen, die nur in ihrer Fantasie existierten. Imaginäre Hunde. Das tat sie mit einer Glaubhaftigkeit, die mich das Fürchten lehrte. Ich war zu unwissend, um die Zusammenhängen mit einer manischen Depression zu verstehen. Sie in ihrem verheerenden Ausmaß und ihrer bipolaren Störung zu begreifen, war mir unmöglich. Mechthild ließ dem Dampfstrahler freien Lauf. Drehte das Wasser voll auf. Den Schlauch konnte sie kaum noch in ihren Händen halten, so viel Druck lastete in seinem Inneren. Unruhig rotierte der Schlauch hin und her, dann trafen mich die ersten Wasserstrahlen. Das Wasser war eiskalt, der Strahl schmerzvoll. Wir befanden uns im Frühjahr, die Temperaturen erreichten in der Mittagssonne vielleicht zwölf Grad, mehr jedoch nicht. Ich fror erbärmlich. Immerhin lief ich die letzten Tage vorwiegend unbekleidet in der Gegend herum. Unter der Dusche des Hochdruckreinigers in dem kühlen, kargen Stallgebäude und unter dem eiskalten Wasserstrahl litt ich fürchterliche Höllenqualen. Es glich einer Folter schlimmsten Ausmaßes. „Na? Das tut gut, was?“, schrie Mechthild begeistert. Sie war mächtig in Stimmung. Wolfgang war zwischenzeitlich hinzugekommen. Lässig lehnte er an einer der Vorrichtungen des ehemaligen Melkstandes und labte sich an meinen Qualen. Genüsslich rauchte er eine Zigarre. Dabei griff er sich einige Male an die Ausbeulung seiner Jogginghose, hinter der sich gut sichtbar sein bestes Stück bereits aufrichtete. In freudiger Erwartung, sich an meinem Leid aufzugeilen. Je mehr ich litt und je mehr Leiden mir die beiden zufügen durften, umso mehr befriedigten sie scheinbar ihre perverse Neigung. Ich riss an der Kette, an der ich eingehakt war. Unter dem harten, eiskalten, erbarmungslosen Wasserstrahl glaubte ich zu krepieren. *Bitte lieber Gott, lass es bald vorbei sein! Lass mich endlich sterben!* Plötzlich traf der Wasserstrahl genau auf meinen zerfetzten Finger. Ein qualvoller Schmerz ließ mich aufschreien. Es war, als wäre er abgerissen worden. „Aufhören!", schrie ich. Die Panik stand in meinen Augen. „Halt die Fresse!", entgegnete Mechthild unbeeindruckt. Sie kam näher mit dem Schlauch in ihren Händen. Je näher sie an mich herantrat, desto schmerzvoller wurde meine Folter. „Aufhören!", schrie ich erneut. Mein Körper zwang mich, in die Knie zu gehen, weil er dem Schmerz nicht mehr standhielt. Die Kette gab mir keinen Spielraum, das zu tun. Wie gern hätte ich mich zusammengekauert, um mich vor dem grausamen Wasser zu schützen. Die Hände über meinem Kopf haltend, den Rücken rundgebeugt und meine Arme um meine Knie geschlungen. Mechthild kam näher, immer näher. Der Strahl wurde unerträglich. Er riss Wunden in meine Haut, zog sie mir in Fetzen vom Körper. Ich glaubte die Besinnung zu verlieren. Der Ohnmacht war ich nahe, sehr nahe. War es der sichere Tod? Ich schrie, schrie wie am Spieß. So laut, dass ich den Strahl des Wassers übertönte. Mit all meiner Kraft schrie ich den Schmerz aus meinem Körper. „Halt mal das Wasser weg!", brüllte Wolfgang. Er näherte sich dem Szenario und schob Mechthild beiseite. Die brennende

Zigarre drückte er auf meinen Brüsten aus. Völlig ungeniert. „Ich geb dir Grund zum Schreien du Miststück!“, fluchte er. Mit seiner flachen Hand holte er aus und schlug mir ins Gesicht. „Halt endlich deine dumme Fresse! Oder willst du, dass die gesamte Nachbarschaft zum Gucken kommt, wie wir dich alte Drecksau waschen?“ Nach dem Schlag schmeckte ich kalte, metallische Flüssigkeit in meiner Mundhöhle. Blut. Wolfgang hatte meine Lippe blutig geschlagen. In dem Moment als er vor mir stand und mich ansah wie ein wildgewordenes Tier, eine Bestie, die zum Töten bereit war, spuckte ich ihm mitten ins Gesicht und traf sein Auge. Wütend rieb er sich den Rotz aus seiner Visage. Er schlug mich erneut. Blut schoss aus meiner Nase. An den restlichen Haaren, die mein Haupt schmückten, ergriff mich Wolfgang und riss meinen Kopf unsanft in den Nacken. „Du Miststück!“ Mit seinem fiesen, unrasierten Gesicht näherte er sich bedrohlich meinen blutenden Lippen. Seine Zunge streckte er aus dem Mund. Wie ein ausgehungertes Tier schleckte er mit ihr das Blut aus meinem Gesicht, fuhr über meine Nase und steckte sie wieder und wieder in ihre beiden Öffnungen, aus denen das Blut quoll. Mit seinen Händen griff er abwechselnd von meinem Kopf, welchen er in alle möglichen Richtungen drehte, um das Blut aus meiner Visage abschlecken zu können, zu meinen Brüsten. Er massierte sie eindringlich. Sein Atem verhieß Lust. Pure Lust am Leid eines Menschen, den er manipulieren konnte, wie er wollte. Seine Hände legten sich schmerzvoll um meine weiblichen Rundungen. Mit einer grausamen Härte kniff er meine Brüste zusammen, zwirbelte ihre Warzen. Nahm schließlich seinen Mund hinzu, umschloss mit seinen Lippen meine Nippel, biss hinein, zwickte mit den

Zähnen, zog an ihnen und sprach wirre Worte. „Irgendwann schneide ich dir deine kleinen Nippel ab! Ich könnte dir ein Kind machen und deine Milch aus den Brüsten saugen!“ Seine Worte, seine Berührungen, alles vollzog sich in einem Wechsel aus rasanter Geschwindigkeit. Wolfgang wusste scheinbar selbst nicht genau, was er wollte und was ihn am meisten erregte. Seine Art, wie er mit mir sprach oder die Schmerzen, die er mir zufügte. Beides zeugte von innerlicher Unentschlossenheit. Was verschaffte ihm die unbändige Lust? War es das Wissen, dass er mich bis zum Äußersten des Möglichen quälte und ich vielleicht unter seinen Abscheulichkeiten das Zeitliche segnete? Oder war es einfach seine krankhafte, perverse Lust, sich an mir aufzugeilen und auszutoben? „Ich weiß dass du das magst!“, stöhnte Wolfgang. Er griff mir zwischen die Schenkel, drückte sie auseinander, fuhr mit dem Finger in meine Scheide. Erst sein Zeigefinger, dann der Mittelfinger, dann beide zusammen. Kraftvoll. Fordernd. Er wirkte in meinem innersten Empfinden, in meiner Wahrnehmung wie eine Kreatur, die nach Sex, Blut und Gelüsten ausgehungert zu sein schien. Während er mich fingerte, küsste er weiterhin meine Brüste. Eine seiner schmierigen Hände griff immer wieder an seine Hose. Mit der anderen wühlten seine Finger in meiner Vagina, während seine Lippen meine Brüste bearbeiteten. „Mechthild, komm und blas mir einen! Komm! Schnell!“ Mechthild, die einige Meter abseits stand und das Geschehen stillschweigend beobachtet hatte, näherte sich. Wie auf Kommando. Wie ein Hund, der seinem Herrchen folgte. Aufs Wort. Sie bückte sich, ging in die Hocke und zog Wolfgang die Hose aus. Immer wieder riss ich an den Ketten. Je mehr ich mich in meiner Pein bewegte, umso erregter wurde Wolfgang. Seine Bisse in meine Brüste waren nicht mehr auszuhalten, sie waren garantiert blutig gebissen und brannten höllisch. Keine Frage, ihm hätte ich nicht nur zugetraut, dass er sie abgeschnitten hätte, sondern auch, dass er sie abbiss. Vielleicht hätte er sie auch noch aufgegessen. Genüsslich schmatzend vor meinen Augen. Kannibalismus. Die Zeitungen, ich erinnerte mich. Menschen aßen andere Menschen, stand dort geschrieben. Gelacht und die Schultern gezuckt hatte ich über derartige Geschichten. Ein Mann lernte einen anderen über ein Internetforum kennen. Der andere liebte die Vorstellung, sich zerstückeln und aufessen zu lassen. Er gab seinem Gebieter die Anweisung, es zu tun und dieser hatte es wahrhaftig getan! Mein Gott, nicht zu glauben! Mit meiner Freundin Simone hatte ich über all diese merkwürdigen Geschehnisse diskutiert. Sie sagte, Menschen wären grausam und hinter jedem freundlichen Nachbarn könnte sich der Teufel in Person verstecken. Es wäre das Gefühl der Lust am Töten, das diese kranken Menschen antrieb, solche grausamen Taten zu verüben. Sie wären süchtig nach diesem Gefühl. Die Sehnsucht nach dem Kick sei stärker, als jeglicher gesunder Menschenverstand, sagte Simone. Und ich, ich war einige Jahre später mittendrin! Nackt, mit abgesengten Haaren, mit einem Halsband an einer rostigen Kette festgebunden. Blutend, wehrlos, dem Tod nahe und einem Sadisten ausgeliefert. Irgendwo in einem Stallgebäude, in einem kleinen, unscheinbaren Dorf, bei dem man eigentlich nur an Idylle und Frieden dachte. Wollte ich es fühlen? Das Lustgefühl, welches in den Adern dieser kaltblütigen Menschen pochte? Das Gefühl, von dem meine Freundin Simone gesprochen hatte?

Wollte ich es einmal spüren, um nachvollziehen zu können, welche Art von Euphorie es über diese kranken Menschen brachte? War ich bereits einer von ihnen und wusste es nur noch nicht? Weil ich sexuell unerfahren war? Weil ich generell das stille Mauerblümchen war? Weil ich derartige Gefühle der Lust nicht kannte? Wenn es so gewesen wäre, hätte ich mich ebenfalls erfreuen können an dem Leiden eines anderen Menschen, wenn es zu meinen alltäglichen Dingen gehörte? Zu den Dingen, die ich täglich sah? Fühlte? Spürte? Erlebte? Ich war unbedarft und unerfahren. Vielleicht hätte es mir Freude bereitet, vielleicht auch nicht. Wer wusste schon, welches schlummernde Tier in seiner Brust eines Tages erwachen und zur Bestie mutieren konnte. Menschen zu quälen und mit ihrer Angst zu spielen, gehörte zu einigen Menschen wie ihr Name an der Tür. Ein Hobby, für die Frauen war es wie Stricken oder Häkeln. Fingernägel lackieren. Für den Mann der Gang zum Fitnessstudio.

Kapitel 15

Horror

Horrorfilme hatte ich mir in den zurückliegenden Jahren angesehen, ich kannte sie alle. Von Stephen King, Friedhof der Kuscheltiere, über Manchmal kommen sie wieder, Tanz der Teufel und viele mehr. Das Anschauen bereitete mir Freude. Später wurde aus meiner anfänglichen Zurückhaltung und Angst beim Anschauen dieser perversen Fantasien eines Bestsellerautors, der seine Gelüste zur Freude seiner Mitmenschen niederschrieb, reiner Spaß. Wie besessen war ich, in die

Videothek zu laufen, um mir die neuesten Horrorfilme auszuleihen. Das Verbotene, das war es! Das Perverse, der Kick! Lechzte während des Ansehens danach, dass sich die Angst in mir steigern sollte! Immer mehr von dem nicht fassbaren Unheil sadistischer Fantasien wollte ich erfahren. Von denen, die auch in mir schlummerten, und welche lediglich ein anderer Mensch, einer, der mutiger war als ich, öffentlich zugänglich gemacht hatte, in dem er verrückte und perverse Geschichten niederschrieb. Verrückt danach war ich, diese ausleben zu dürfen. Wenn ich mir diese Filme ansah, konnte ich das tun. Ganz ungezwungen und unbeobachtet. Ja, auch in mir steckte eine Sadistin und nicht nur in mir! Die Welt scheint voll zu sein von Menschen, deren Gelüste ins Düstere abdrifteten. Abartig erscheinende Gelüste, die sie in ihren Seelen mit sich herumtragen. Täglich, bei der Arbeit, in ihrer Freizeit, in ihren Träumen. Gedanklich in eine andere Welt eintauchen zu können, wer wünscht sich das nicht? Dort, wo es keine Grenzen der Fantasie gibt, keine Gesetze, keine Verbote. Nur reine Lust und Freude am Verbotenen. Erotik, Pornographie, Sex, Lust und Perversität. Jeder von uns sehnt sich nach all diesen Dingen, auch ich tat es. Die Horrorfilme anzusehen, bereitete mir Lust. All die schrecklichen Dinge, die mein Auge beim Schauen dieser Filme erfasste, riefen ein Glücksgefühl in mir hervor. Ich brauchte ihn, den lustvollen Kick. Den rauschenden Adrenalinkick in meinen Venen, er tat mir gut! Ebenso hatte ich gehofft in Bossenborn, diesem kleinen, unbescholtenen Örtchen, bei Mechthild und Wolfgang das Unfassbare erkunden zu können. Die Lust am Geheimnisvollen, die Lust am Entdecken, sie wohnte auch in mir. Leider. Denn diese Lust, wurde mir letztendlich zum Verhängnis. Mechthild nahm Wolfgangs Penis in den Mund und blies ihn zum Höhepunkt. Sie schien wie eine Professionelle. Eine Nutte, eine Hure. Sie schluckte das Sperma wie Coca Cola. Auch mir hatte sie Lust geschenkt, dabei war sie hässlich. Sie hatte kein hübsches Gesicht und auch keinen schönen Körper. Ihre Art jedoch, wie sie ihre weiblichen Reize einzusetzen wusste, machte ihre Kraft aus. Die Kraft, Wolfgang vor Lust zergehen zu lassen und die Fähigkeit, mich zu erotisieren. Unter ihren Lippen schwang er die Hüften wie ein jamaikanischer Tänzer. Er stöhnte. Je weiter er auf den Höhepunkt zurauschte, den ihm Mechthild bescherte, umso mehr ließ er von mir ab. Mein Glück! Scheinbar konnte er sich nicht auf alles gleichzeitig konzentrieren. Mich drangsalieren und sich gleichzeitig dem Höhepunkt hinzugeben, war eine besondere Anforderung. Dieser war er nicht gewachsen. *Ja bitte komm endlich du Schwein! Ich ertrage deine Lippen und deine Zähne an meinen Brüsten nicht mehr! Spritz endlich ab!* Inständig hoffte ich, er würde sogleich von mir ablassen. Meine Gebete wurden erhört. Als Mechthild seinen Schwanz zum letzten Mal lustvoll in ihren Mund gleiten ließ, spritzte Wolfgang ab. Mit seiner Hand griff er an seinen Penis und hielt die Vorhaut zurück. Die Eichel beförderte schubweise weißlichen Schleim hervor, den Mechthild genussvoll ableckte und wie selbstverständlich schluckte. So, als täte sie nichts anderes in ihrem Leben als Sperma zu schlucken. Wolfgang machte ein zufriedenes Gesicht, wie ein kleiner Junge, der soeben sein Weihnachtsgeschenk ausgepackt hatte und sich über die langersehnte Eisenbahn freute. Aus heiterem Himmel fuhr er mit der Hand, mit deren Fingern er soeben noch in meiner Vagina steckte, über seinen Penis und rieb sich den Schleim seines Spermas auf die Handinnenfläche. Er hielt mir das weiße Zeugs in seiner Hand provokant an die Lippen. „Koste mal!“ Ich presste meine Lippen aufeinander, so fest ich konnte. Sperma schlucken zu müssen, rief in mir größten Ekel hervor. Allein die Vorstellung ließ mich würgen. Ich schüttelte den Kopf, wie ein kleines Kind, das seinen Lebertran verweigerte. „Mund auf!“, dirigierte Wolfgang, er war wütend. Wütend, weil ich sein Sperma verschmähte, wieder einmal. „Hey du alte Bratze! Du bist beinahe tot! Hast nichts mehr entgegenzusetzen und wehrst dich immer noch, meinen Saft des Lebens zu schmecken? Was ist bei dir eigentlich verkehrt? Hä?“ Wolfgang sah mir ins Gesicht. Bissig! Zögerlich öffnete ich die Lippen und seine Hand schob sich in voller Größe in den Innenraum meiner Mundhöhle, verteilte das Sperma auf Zunge und in meinen Wangentaschen. Alles in mir verkrampfte sich, ich würgte. Kotzen konnte ich nicht, was sollte mir noch hochkommen? Mein Magen war leer. Ein Finger berührte das Rachenzäpfchen und ich glaubte zu ersticken. Wolfgang lachte bitter. Immer wieder streichelte er mit einem seiner Finger mein Zäpfchen. Der Rotz und meine Kotze liefen aus meiner Nase. Vermischten sich mit dem Blut zu einer schmierigen rosaroten Masse. Nach einer gefühlten Ewigkeit ließ Wolfgang endlich von mir ab, nahm seine Hand aus meinem Mund und entfernte sich von mir. Er zog sich im Gehen die Hose hoch und räusperte sich. So sehr, dass er einen Placken Rotze aus seiner Lunge ins Freie beförderte und diesen auf den Betonboden spuckte. „Das nächste Mal reibe ich dir das Sperma in deine Muschi!“, lachte er lustvoll. „Dann wirst du schwanger und ich kann deine Milch aus dir heraussaugen!“ Wolfgang verließ den Stall, ohne ein weiteres Wort an mich oder Mechthild zu richten. Hinaus durch die Garage verschwand er zurück ins Wohnhaus. Hätte ich gewusst, dass er sich nur für einen kurzen Moment hinlegte, um neue Kräfte zu tanken, um sich danach weiterhin an mir zu vergehen, ich hätte Mechthild gebeten, mich umzubringen. Sie hätte mich erschlagen können. Mit der Mistforke oder der Eisenkette, an der ich hing wie ein Stück Vieh, das vor dem Schlachten gesäubert wurde, um danach ausgeweidet zu werden. „So!“, sagte Mechthild in einem eigenartigen Ton. Sie begutachtete mich skeptisch. Eindringlich war ihr Blick. Plötzlich spürte ich, wie sich ein heftiger Flüssigkeitsschwall zwischen meinen Beinen ergoss. Entsetzt blickte ich an meinem Körper herunter, Blut. Es lief entlang meiner Schenkel. Meine Periode! Mechthild bemerkte es ebenfalls, trat näher heran und drückte meine Schenkel energisch auseinander, die ich ängstlich mit all meiner Kraft zusammendrückte, damit sie das Malheur nicht sah. „Du hast deine Tage!“ Zorn lag in ihrer Stimme. „Du versiffst uns ja das ganze Haus, du abartiges Menschlein, blutest überall! Aus jeder Körperöffnung, deiner Nase, deinem Mund und aus deiner Vagina! Du solltest dich schämen, Mädchen! Was glaubst du eigentlich, wer du bist?“ *Hast du alte Kackbratze etwa keine Periode? Blutest du nicht alle vier Wochen? Gib mir doch eine Binde oder einen Tampon, dann blute ich auch nicht alles voll.* Mir fehlten die Worte! Zu gern hätte ich Mechthild einige Dinge gesagt, die mir auf der Zunge lagen. Jedoch war ich viel zu erschöpft, um mich auf einen weiteren Kampf mit dieser furchtbaren Person einzulassen. „Ich hätte dich gerne mit meinem Vibrator gefickt, zum Abschluss des Tages, aber wenn du deine Tage hast, geht das wohl schlecht! Den krieg ich ja nie wieder sauber!“ Mechthild blickte mich an. „Immer nur Wolfgang! Wolfgang, Wolfgang, Wolfgang! Dem ist es doch völlig egal, ob ihr Frauen blutet, oder schwanger seid!“, keifte sie. Mechthild schien schlagartig wütend. Auf Wolfgang. War es Eifersucht? In der Art ihrer Worte, wie sie sprach, meistens redete sie in der Mehrzahl, glaubte ich den Beweis zu haben, dass ich nicht die einzige Frau war, die in dieser Hölle ihr Leben lassen musste. „Wie viele waren es?“, fragte ich energisch. Nein, ich hatte keine Angst. Wovor sollte ich noch Angst haben? Der Tod wäre eine Erlösung gewesen. „Wie viele?“, drängte ich Mechthild zu einer Antwort. „Einige! Du kleine dreckige Schlampe!“, antwortete sie. Mechthild trat nervös von einem Fuß auf den anderen, fuhr sich mit der Hand durch die Haare, wirkte fahrig. „Sie kamen von überall! Aus dem Internet oder durch Zeitungsannoncen! Wolfgang bestellte sie her, wie aus einem Katalog! Junge, alte, hübsche, hässliche! Du hast ja gar keine Ahnung!“ Mechthild redete plötzlich wie ein Wasserfall, es sprudelte nur so aus ihr heraus. „Habt ihr sie alle umgebracht?“ Mechthild schüttelte den Kopf und starrte mich an. „Nein! Sie mussten unterschreiben, dass sie freiwillig hier waren und wir ihnen Kost und Logis gegen Mithilfe im Haushalt gewährt haben! Unterschreiben, dass wir ihnen kein Leid zugefügt haben. Wenn sie das taten, durften sie gehen!“ Mir krampfte sich der Magen zusammen. „Und wenn sie das nicht taten? Was war dann?“, meine Stimme wurde lauter. Ich wollte sie hören, die Antwort. Die Antwort, dass man diese Frauen getötet hatte. Qualvoll! Lustvoll! Hemmungslos! Abartig! Brutal! Jedoch war es die Erlösung für all die geschundenen Seelen, dessen war ich sicher! „Er hat sie getötet!“, legte ich Mechthild meine Antwort in den Mund. Ich war fest davon überzeugt, dass Wolfgang der Mörder dieses Horrorhauses war. „Sag es mir! Ich komme hier sowieso nicht mehr lebend heraus! Ich würde niemals unterschreiben, dass ich freiwillig hier war!“ Meine Stimme klang so energisch wie seit langer Zeit nicht mehr. Mechthild warf immer wieder einen Blick zwischen meine Schenkel. Das Blut meiner Periode schien sie nervös zu machen, scheinbar rief Blut in ihr etwas hervor, das sie unberechenbar werden ließ, weil es vor längerer Zeit ein Trauma in ihr ausgelöst hatte. „Blut! Immer nur Blut! Ich kann es nicht mehr sehen, diese ganze Wixe und elendige Sauerei!“, schimpfte sie. Damit bestätigte sie meinen Verdacht, eine tiefe Abscheu gegen Blut zu hegen. „Ich musste die Spuren verwischen! Ich bin nur seine Handlangerin, eine Gefährtin! Wo soll ich denn hin? Mein Leben ist vorbei! Ich kann es nur noch hier in dieser Einöde verbringen! Vielleicht bin ich wieder schwanger! Ich will all diese Kinder nicht, hörst du! Ich will sie nicht! Ich muss sie wegmachen lassen! Sie sollen es nicht sehen, das Elend. Das Elend dieser Welt!“ Mechthild schrie mich an, sie keifte. Aufgebracht lief sie vor mir her und warf mir Blicke zu, die mich elektrisierten. Hasserfüllte Blicke voller Wut, Verzweiflung und Bestialität. Ich glaubte, jeden Moment würde sie die Mistgabel nehmen, um mich mit ihr zu erschlagen. Wolfgang schwängerte sie also scheinbar ungeniert, obwohl Mechthild keine Kinder wollte. „Warum willst du diese Kinder nicht?“, fragte ich. Meine Stimme nahm einen sanfteren Ton an, ich wollte Mechthilds Vertrauen für mich gewinnen. Ich glaubte, sie wäre der Schlüssel zum Ausgang dieser Hölle. Mechthild wirkte in einigen moralischen Punkten mehr als zerbrechlich. Jeder Mensch hat Schwachstellen. Wenn ich mich mit ihr gutstellen würde, ließe sie mich vielleicht gehen. „Die Kinder eines Satans soll ich großziehen? Nein, niemals!“ Mit Satan meinte sie wohl Wolfgang. Ich verstand nicht recht. Hatte sie nicht wenige Tage zuvor ihre Liebe zu Wolfgang beteuert? Sie widersprach sich, aber das lag an ihrer Krankheit. „Warum gehst du nicht fort? Geh doch endlich! Du wirst eine Familie haben, Kinder bekommen, einen liebevollen Mann kennenlernen! Du musst nicht in dieser Hölle schmoren!“ Mit Engelszungen redete ich auf Mechthild ein. In meiner geistigen Vorstellung glaubte ich, sie würde meine Ketten lösen, mich an die Hand nehmen und mit mir hinaus in die Freiheit verschwinden. Eine normale Frau hätte es getan. „Ich werde nichts sagen! Ich verspreche es! Wenn du mitkommst, wir beide! Bitte! Lass uns gehen!“ „So erbärmlich wie du aussiehst, werden sie mich wegsperren! Den Rest meines Lebens werde ich hinter Gittern verbringen!“ Mechthild nahm die Kette in ihre Hand, an der mein Hals gefangen war. Sie blickte mir ins Gesicht, unverfroren und eiskalt. Sie verstärkte den Zug der Kette, indem sie energisch an ihr zog, drückte mit ihrem Griff an dem rostigen Eisen meine Gurgel zu. Ich bekam Luftnot, rang nach Sauerstoff und röchelte. „Ich kann dich jederzeit töten, dann bist du frei! Willst du das? Ich kann es tun! Sofort! Er wird mich nicht dafür bestrafen, er wird stolz auf mich sein, dass ich es genauso kann, wie er!“ Ich schüttelte den Kopf. Nein, so wollte ich nicht sterben. Mechthild ließ von mir ab. Ich holte Luft. So tief, dass ich glaubte, mir einen Vorrat an Sauerstoff anlegen zu müssen, für die nächsten Qualen, die mir bevorstanden. Qualen, von denen ich noch nichts wusste. Qualen, von denen ich niemals geglaubt hätte, dass es sie gibt. Die Tür des Stallgebäudes flog auf und Wolfgang kehrte zurück. Mechthilds Augen funkelten. „Wenn ich dich nicht töte, wird er es tun!“, sagte sie brutal. Ich schenkte ihr Glauben, jedoch ging es mir längst nicht mehr darum, mich mit dem Gedanken anzufreunden, dass ich sterben würde. Davon war ich längst überzeugt. Es ging mir nur noch um die Art, wie es geschehen würde. Darauf hätte ich gern Einfluss genommen. Ich glaubte, es wäre mein Recht zu entscheiden, wie ich ins Jenseits hinüberwechseln sollte. „Zeit zum Ficken!“, gähnte Wolfgang. Er wirkte erstaunlich lustlos. Scheinbar hätte er noch eine weitere Stunde Schlaf gebraucht. Seine schlabbrige Jogginghose zog er sich über seinen Schwabbelbauch. Sie rutschte ihm beständig herunter. „Bäh, du bist so eine armselige Kreatur!“, fauchte er. „Sie hat auch noch ihre Periode!“, ergänzte Mechthild. „Wir sollten uns Frischfleisch zulegen!“ Wolfgang rieb sich das Kinn und schien nachdenklich „Los, hol die Peitsche! Peitsch sie aus! Das wird mir Lust bereiten! Und dann ficke ich sie! In der Küchenschublade liegen Kondome! Ich will mir nichts einfangen, wenn diese Schlampe ihre Tage hat!“ Mechthild verließ auf Wolfgangs Anweisungen hin das Gebäude und kehrte mit Peitsche und einer Packung Kondome zurück. Mit der Peitsche schlug sie gnadenlos zu. Auf meinen Rücken, meinen Hintern, meine Brüste. Sie schlug mich ohnmächtig. Der Wasserstrahl des Hochdruckreinigers ließ mich ins Leben zurückkehren. Dann ging sie weiter, die Prozedur. Schläge, wieder und wieder. Während Mechthild all ihre Wut, ihren Hass und ihre unbändige Lust, mich zu foltern, an der Peitsche ausließ, die erbarmungslos über meinen Körper tanzte, erfreute sich Wolfgang an meinem Leiden. Kurz bevor ich erneut ohnmächtig wurde, nahm er mich brutal von hinten, schob seinen Schwanz in meinen Hintern. Er tat es in einer Heftigkeit, dass ich glaubte, er würde vorne aus meiner Scheide wieder herausstoßen. Nachdem er mich einige Minuten lang von hinten bearbeitet hatte, nahm er mich von vorne. Er war so geschickt in der Art, wie er seinen Schwanz in meine Vagina einführte, dass ich glaubte, er würde den lieben langen Tag nichts anderes tun, als Frauen zu ficken. Er blickte mir nicht ins Gesicht, presste mich an die Wand. Seine Hand umgriff meine Taille, mit der anderen fummelte er wieder und wieder an meinen Brüsten herum. Er gelangte zügig zum Höhepunkt, seufzte, stöhnte und jauchzte. Als er seinen Schwanz aus meiner Vagina zog, betrachtete er das Kondom. „Ich fickte heute in einem Erdbeerfeld!“, lachte er. Zänkisch gab er mir einen Schubs. Ich flog durch die Wucht an die Wand, katapultierte mit meiner Nase gegen die Backsteine. Schmerzen? Nein! Ich spürte keine Schmerzen mehr. Das Blut aus meiner Nase triefte über meine Brüste. „Weißt du, was man mit blutenden Wunden macht?“ Wolfgang trat provokativ näher. Seine Hose hatte er noch nicht wieder angezogen und sein Schwanz baumelte erschlafft zwischen den Beinen. „Man streut Salz hinein“, gab er rechthaberisch von sich. Der Anblick dieses kranken Menschen ließ mich plötzlich lachen, ich lachte laut los. Es war so absurd, einfach alles. Die Situation, er, Mechthild, das Haus, der Stall, die Waschbox, meine Qualen! Ich lachte aus vollem Hals. Lauter und lauter. „Was gibt es da zu lachen? Hör auf damit! Hör auf!“, schrie Wolfgang. Nein, ich hörte nicht auf. Nicht ich war es, die erbärmlich war, Wolfgang war es. Er war die Lachnummer, ein Schwein, ein bestialisches Ungeheuer. Mitleid empfand ich für ihn und seine Show. Für seinen Schwanz, wie lächerlich dieses hässliche Ding da zwischen seinen Beinen baumelte. „Dein Schwanz ist so hässlich!“, lachte ich. Wolfgangs Gesicht verzog sich. Selten hatte ich ein männliches Gesicht gesehen, das so dämlich aus der Wäsche guckte, wie seins. Wahrscheinlich hatte ihm noch niemand gesagt, wie hässlich sein Schwanz war. Ich hatte nicht viele Schwänze in meinem Leben gesehen, aber dieses kleine, krumme Ding mit den geschrumpelten Eiern war einfach lächerlich. Plötzlich fing auch Mechthild an zu lachen. Lachte ebenso herzhaft wie ich. Erfrischend, aus tiefstem Hals heraus. Ein kräftiges, verachtendes Lachen. Ihr Lachen galt Wolfgang, genau wie meines. Wolfgang blickte wütend von der einen zur anderen. Mal zu mir, dann wieder zu Mechthild. „Aufhören!“, brüllte er. Mechthild hörte nicht auf, also nahm er die Peitsche und schlug zu. Traf mich, quer über den Rücken. Ich lachte weiter, er schlug auf meine Brüste. Die Schläge an ihnen schmerzten besonders, doch ich ertrug die Pein, schluckte sie tapfer hinunter. Mein Schmerzempfinden war längst aus meinem Körper verschwunden. Hatte ihn verlassen. Wolfgang schlug mich so lange, bis ich erneut ohnmächtig wurde. Von dem heftigen Streit, den Wolfgang und Mechthild später führten, während ich ohnmächtig in den Ketten hing, gelangte nichts mehr an meine Ohren. Die beiden stritten heftig. „Hast du dich jetzt etwa auf die Seite dieser kleinen Nutte geschlagen?“, beschuldigte Wolfgang seine Freundin. Er schlug ihr mit der flachen Hand mehrere Male brutal ins Gesicht. Schrie sie an, nahm die Peitsche und erhob sie gegen sie. Die Fassungslosigkeit über Mechthilds

Widerborstigkeit steigerte seinen Wahn. Schließlich sperrte er Mechthild und mich zusammen im Stall ein und verriegelte die Tür. „Ich lasse dich nicht eher wieder raus, bis du dich beruhigt hast und normal bist!“, schrie er. Das kalte Wasser hauchte mir neues Leben ein. Mit Entsetzen stellte ich fest, dass ich immer noch lebte. Mechthild hatte mich wieder abgespritzt. Es war noch nicht zu Ende. „Er hat uns hier eingesperrt!“, fauchte sie mich an. Sie sprach, als trug ich die Schuld an dem Übel, dass wir beide nunmehr in dem dunklen Schweinestall ausharren mussten. „Binde mich los!“, bat ich sie leise. Natürlich glaubte ich nicht im Geringsten daran, dass Mechthild es tun würde, jedoch tat sie es tatsächlich. Sie löste die Halskette und hakte den Karabiner aus. Welch eine Wohltat! Ein völlig neues Lebensgefühl. Mechthild band meine Hände los, diese waren mittlerweile taub. Dankbar bewegte ich sie ein wenig. Mir war so kalt, ich fror und zitterte. „Gibt es einen Weg nach draußen?“, wimmerte ich. Mechthild schüttelte den Kopf. Sie setzte sich auf einen umgestülpten Eimer, stützte ihr Kinn in die Hände und machte einen ziemlich erschöpften Eindruck. „Er beruhigt sich auch wieder! Die Ausraster sind bei ihm nur eine Phase! Sie kommen und gehen!“ Ich erinnerte mich an mein Lachen, ausgelacht hatte ich ihn. „Wenn sich eine Frau über ihn lustig macht, dann kränkt ihn das unheimlich! Er hat doch gar kein Selbstvertrauen! Auch kein Selbstbewusstsein! Nach außen hin ist Wolfgang eine ganz arme kleine Leuchte! Die Menschen lachen über ihn! Als Kind schon haben sie es getan! Wolfgang besuchte eine Idiotenschule und war immer der Außenseiter! Heute holt er sich das, was er in seinem Leben verpasst hat, zurück, indem er die Frauen leiden lässt! Sie vergewaltigt, verprügelt und auspeitscht! Die eigene Mutter hat ihn verhöhnt! Er rächt sich an den Frauen! Weidet sie aus, schändet sie!“ Ich nickte stumm. Mittlerweile verstand ich einiges von dem, das sich im Haus abspielte. „Ich halte das nicht mehr lange durch, Mechthild! Ich sterbe!“, sagte ich leise. Mechthild seufzte und nickte. „Vielleicht lässt er dich gehen, wenn du unterschreibst! Ich werde es ihm sagen! Ich werde ihm sagen, dass du nicht mehr gut genug bist! Du bist zu abgenutzt, zu dreckig! Ich sage ihm, dass er sich nicht an dir verunreinigen soll! Auf mich hört er!“ Mechthilds Worte klangen zu schön. Sie klangen zu schön um wahr zu sein.

Kapitel 16

Die Frage nach dem Warum

Wolfgang ließ Mechthild und mich den restlichen Tag eingesperrt im Stall ausharren. Erst spät am Abend öffnete er die Tür. Eine Fluchtmöglichkeit hätte es nicht gegeben. Mechthild hätte mich an dem Tag in die Freiheit entlassen, wenn es so gewesen wäre, dessen war ich sicher. Wir waren uns sehr nahe gekommen. Sie erzählte mir aus ihrer Kindheit und von dem Kennenlernen mit Wolfgang. Mechthild war ein Missbrauchsopfer, missbraucht vom eigenen Vater. Geschlagen hatte er sie, Tag und Nacht. Sie musste zur Schule gehen mit gebrochener Nase und blaugedroschenen Augen. Wenn jemand fragte, was passiert sei, log sie, sie wäre die Treppe heruntergefallen. Die Lehrer hinterfragten die Dinge nicht. Mechthilds Mutter hatte weggesehen, all die Jahre lang. Mechthild wurde schwanger, von ihrem eigenen Vater. Er prügelte ihr das Kind aus dem Leib, sie verlor es im vierten Monat. Ein unvorstellbares Martyrium! Dies hinterließ Spuren auf ihrer Seele. Ein normales Leben zu führen, war ihr unmöglich. Ihr Verhältnis zu Männern war gespalten. Sexuell konnte sie sich auf nichts einlassen, Angst beherrschte ihr Leben. Mit dem Älterwerden sehnte sie sich jedoch nach Zuneigung, Liebe, Zärtlichkeit und auch nach Sex. Die Lust, Sex und Zärtlichkeit erleben zu können, wurde größer. Über eine Anzeige im Internet lernte sie Wolfgang kennen. Man war sich sympathisch. Wolfgang, ebenfalls schwer traumatisiert, und sie schwebten auf einer Wellenlänge. Sie kamen sich näher, lernten sich besser kennen und lieben. Bis sie beide ihre perversen Neigungen entdeckten. Freude und Gefallen daran fanden, andere Menschen sadistisch zu foltern. Harmlos hatte es angefangen. Sie suchten eine Haushaltshilfe. Mechthild fühlte sich überfordert mit den täglichen Aufgaben einer Hausfrau. Sie war oft müde und ausgelaugt durch die viele Arbeit auf dem Hof. Die Tiere mussten versorgt werden und der Haushalt geführt. Wolfgang schaffte eine Frau herbei, sie sollte den Haushalt führen und Mechthild entlasten. Wolfgang vergewaltigte die Frau einige Male, sie wäre einfach über ihn gekommen, die Lust, eine fremde Frau gegen ihren Willen zu nehmen! Mechthild fand Gefallen daran, ihrem Freund zuzusehen, wie er sich an der Frau verging. An den Qualen der fremden Frau erfreute sich ihre eigene, geschundene Seele. Zwischen Mechthild und Wolfgang entstand ein gefährliches Psychospiel. Das Mosaik aus ihren Erzählungen konnte ich leicht zusammensetzen. Wohlwollen lösten die Vergewaltigungen in Mechthilds kranker Seele aus und erinnerten sie an ihre eigenen Qualen. Eine Genugtuung erfuhr sie durch die Betrachtung der Folterung der fremden Frau. Sie spürte, sie war nicht allein. Anderen Frauen ging es ähnlich. Die Lust an Folter und Brutalität wurde in beiden Menschen stärker, ebenso die Sehnsucht, den innerlichen Hang nach Sadismus befriedigen zu können. Nachdem die Haushälterin nervlich am Ende war und den Job nicht mehr ausüben konnte, waren sich beide darüber einig, dass ein neues Opfer hermusste, um den unsäglichen Durst nach perversen Handlungen stillen zu können. So nahm das Unheil seinen Lauf und die Praktiken, mit denen sie die Frauen quälten, wurden immer ausgefallener. Mit jedem weiteren Tag keimten neue Fantasien in ihnen auf. Sie liebten es, nebeneinander im Bett zu liegen und sich sadistische Spiele für ihre Opfer auszudenken. „Wir schliefen abends mit den Gedanken ein, wie wir die Frauen am nächsten Tag foltern konnten! Wir schmissen uns beim Sex unsere dreckigen Gedanken gegenseitig an den Kopf und es erregte uns beide. Wir gelangten zum Höhepunkt, wenn wir nur darüber sprachen, wie wir mit den Frauen verfahren wollten. Die Vorstellung, Frauen zu vergewaltigen, gefiel Wolfgang ungemein. Er hatte immer wieder neue Ideen. Manchmal fuhr er mit den Frauen und mir im Auto zu einem abgelegenen Parkplatz. Einen Spaziergang mit den Hunden durch den Herbstwald, hieß es in seiner freudigen Ankündigung! Die Frauen waren begeistert! Sie liebten das einfache Landleben, denn sie kamen meist aus der Stadt. Lebten in Hektik und Stress. Sie glaubten in uns gute Freunde gefunden zu haben, bei denen sie entspannen und ein wenig erholen könnten. Wolfgang fiel über sie her, verschwand beim Spaziergang plötzlich und überfiel die

Opfer wenige Minuten später von hinten. Riss ihnen ihre Kleidung vom Leib, verband ihnen die Augen mit einem Tape und klebte es über ihren Mund. Er war so brutal, dazu geschickt in der Vorgehensweise. Durchtrieben und unberechenbar! Keine der Frauen schaffte es, sich gegen ihn zur Wehr zu setzen. Keine von ihnen war stark genug. Er drängte sie an die Bäume im Wald, irgendwo im Nirgendwo. Nahm sie von hinten, dann ließ er sie liegen und verschwand. Als er zurückkehrte, tat er, als wäre nichts geschehen. Er fragte erstaunt, was passiert wäre, gerade so, als gäbe es einen imaginären Freund. Einen zweiten Wolfgang, einen anderen Wolfgang, der all diese schrecklichen Taten beging. Einmal fuhr er sogar mit einer Frau zur Polizei, die eine Vergewaltigung anzeigen wollte. Hatten die Frauen tatsächlich nicht bemerkt, dass es Wolfgang war, der sie im Wald missbraucht hatte? Auf der Polizeistation glaubte man der Frau nicht. Wolfgang verstand es perfekt, sich in Szene zu setzen. Er schien glaubwürdiger zu sein als seine Opfer. Manche der Frauen ließ er gehen. Sie unterschrieben Wolfgang alle diesen Wisch. Ein aufgesetztes Schreiben, dass sie freiwillig bei uns waren. So konnte uns niemand etwas anhaben und wir wägten uns in Sicherheit. Niemand kam zu uns und fragte, was wir mit all den Frauen taten, die bei uns ein- und ausgingen. Die Nachbarn interessierte das nicht, niemand kümmerte sich. Die Frauen wurden gesehen, natürlich, aber niemand sprach mit ihnen und sie sprachen nicht mit den Nachbarn. Dieser Ort scheint verdammt zu sein. Trostlos. Einsam. Karg. Eine verdammte Einöde. Der ideale Ort, um Verbrechen zu begehen! Eines Tages jedoch gerieten wir an eine sehr hartnäckige Frau. Sie bewarb sich ebenfalls um die berüchtigte Stelle der

Haushälterin, aber sie hatte Haare auf den Zähnen. Als Wolfgang sie das erste Mal vergewaltigte, nahm sie sich ein Küchenmesser und ging auf ihn los. Wie eine wildgewordene Hyäne verteidigte sie sich. Wolfgang konnte sie kaum bändigen! Es kam zu einem heftigen Streit und ich ging dazwischen. Die Frau stürzte, fiel mit dem Kopf auf die Kante der Treppenstufe und war sofort tot!" Mechthild hielt für einen Moment inne. Sie schien sich an das Geschehen zu erinnern. „Es war grausam! Ich hatte Angst, dass die Polizei zu uns kommen würde aber Wolfgang beruhigte mich. Niemand würde die Frau vermissen, sagte er. Wir würden sie beseitigen und der Fall wäre abgeschlossen!" „Was habt ihr mit ihr gemacht?" Ich traute mich kaum, mir den weiteren Sachverhalt von Mechthild schildern zu lassen. „Wolfgang hat sie zersägt, mit der Motorsäge. Zuerst sägte er ihr den Schädel ab, in der Waschbox hat er es getan! Dort konnte er das Blut wegspülen," Mechthild zeigte auf die Waschbox, in der ich das Blut im Abfluss entdeckt hatte. Die Box, in der ich vergewaltigt, ausgepeitscht, und drangsaliert wurde. „Er hatte sie dort niedergelegt! Aus ihrem Hinterkopf tropfte Blut! Die Tropfen verteilten sich im ganzen Haus und auf dem Weg von der Küche zum Stall. Es tropfte und tropfte. Furchtbar. Anschließend musste ich alles wegwischen." Mechthild hielt sich die Hände an ihren eigenen Kopf, als wollte sie mir zeigen, aus welcher Stelle am Schädel das Blut ausgetreten war. „Hast du zugesehen, als Wolfgang die Frau zersägt hat?", kaum getraute ich mich, zu atmen. Mechthild nickte. „Klar! Ich wollte das ansehen, unbedingt! Das Blut spritzte zu allen Seiten, als Wolfgang loslegte! Die Wände waren nachher mit Blutspritzern übersät! Die Säge ratterte und ratterte, es dauerte ein wenig, bis die Halswirbelsäule endlich durch war, und sich vom Rest des Körpers trennte. Vielleicht führte Wolfgang die Säge auch nur ungeschickt, dass es so lange dauerte. Ich meine, er macht das ja nicht jeden Tag, einen Menschen zu zersägen! Dann zerlegte er Arme und Beine. Alles schön säuberlich in kleine Stücke. Er sagte, es müsste ja in den Ofen passen! Ich glaube sie gefiel ihm, diese grauenvolle Arbeit! Er war ganz in seinem Element. Zwischendurch fragte er immer wieder, ob ich Lust hätte, mit ihm zwischen den Leichenteilen zu vögeln. Einige Male legte er die Säge aus der Hand und ließ sie verstummen. Er griff über die Brüste der Frau, streichelte sie. Er hatte ihren Körper vor dem Zersägen entblößt, komplett entkleidet und ihre Sachen liebevoll zusammengefaltet. So, als würde die Frau bald zurückkehren, als wäre sie im Badezimmer und würde ein wohltuendes Bad nehmen. Ja, als er den Kopf absägte, beugte er sich nieder, ging auf die Knie und leckte ihre Brüste. Legte ein Handtuch über das blutende Halsende, dessen Kopf fehlte, denn den hatte er beiseitegelegt. Das Handtuch war gelb, ich erinnere mich genau. Meine Mutter hatte es uns zu Weihnachten geschenkt, ein ganzes Set. Wenige Sekunden später war es blutrot. Ich sah genau hin und war starr, aber auch fasziniert. Ich hatte so etwas niemals zuvor gesehen. Leichenteile. Abgetrennte Gliedmaßen. Weder in den Nachrichten, noch in einem widerlichen Horrorfilm. Wolfgang sagte zwischendurch Dinge wie, dass er es erstaunlich fände, dass die Brustwarzen der Toten durch seine Liebkosungen noch in Wallung gerieten. Sie wären hart wie Stein! Ich glaubte ihm nicht und er schrie mich an, ich sollte doch näherkommen und gucken! Nein, ich wollte nicht näher an die Tote herantreten. Ich wollte ihm zusehen, ja! Aber ich wollte nicht näher heran. Wollte sie nicht anfassen und wir gerieten in Streit, weil ich mich nicht traute. Ich sollte ihre Brüste streicheln und er wollte das filmen. Ich wollte es nicht tun und wehrte mich, schubste ihn weg. In dem Moment überlegte ich das erste Mal, Wolfgang zu verlassen. Er drohte mir an, dass er mir das Leben zur Hölle machen würde, wenn ich fortginge. Ich würde in der Sache viel zu tief mit drin hängen. Es gäbe kein Zurück mehr. Er machte mir Angst. Er sagte, ich könnte doch ohne ihn gar nicht mehr existieren. Er machte mich wütend damit! Ich überlegte die Motorsäge zu ergreifen und ihn zu töten. Die Gewissheit, dass ich ihm unterlegen war, hielt mich davon ab, aber ich hätte es getan! Ich hätte ihn umgebracht! Als wir uns wieder beruhigten, drückte er mir die Säge in die Hand. Ich sollte es mal probieren! Ich könnte zum Einstieg einen Fuß der Toten absägen. Ja, ich tat es! Ich sägte den Fuß ab und fühlte mich großartig dabei. Über all die blutenden Körperteile der Leiche legte Wolfgang Handtücher. Er wusste genau, dass ich Blut nicht gut sehen konnte. Seit jeher verspüre ich vor Blut große Furcht, wahrscheinlich, weil ich so viel Blut gesehen habe, als ich mein Kind verlor! Ich sägte auch den zweiten Fuß ab und weinte, während ich es tat. Weil ich überwältigt war von dem Gefühl, es doch tun zu können. Plötzlich nahm Wolfgang die Säge aus meiner Hand und ließ sie erneut verstummen. Er nahm mich in den Arm und tat dies besonders zärtlich. Berührte meine Wangen, meine Lippen mit seinen Fingern so, als wollte er mich trösten. Weil es mir doch so schwergefallen war, die Frau zu zerstückeln und ich es letztendlich doch geschafft hatte. Wir standen in der Blutlache. Die Sohlen meiner Schuhe verfärbten sich rot. „Du musst keine

Angst haben! Ich bin bei dir!“, sagte er liebevoll und streichelte mich. Meinen Hals, meine Ohrläppchen und küsste mich. Seine Zunge suchte sich den Weg in meinen Rachen, kreiste und tanzte dort wunderbare Tänze. Wolfgang erregte mich, zog mir den Pullover aus, liebkoste meine Brüste, griff mit den Händen liebevoll an meine Rundungen und küsste sie. Seine Zunge und sein Mund waren überall. Er schmeckte warm und nach Heimat. Ich fühlte mich doch mein Leben lang so verloren. Wie ein kleines Kind, das nach Hause wollte, obwohl es gar nicht wusste, wo sein Zuhause war. Beschützt werden wollte ich. Ich sehnte mich nach Zärtlichkeit. Ich liebte es, wenn Wolfgang in meine Brustwarzen biss, er wusste es genau. Zwickte mit den Fingerspitzen hinein, biss mit den Zähnen zu, umschrieb heftige Kreise mit seiner Zunge um meine Brustwarzen. Er stöhnte, ich stöhnte. Die Erregung, sie kam über uns wie eine wuchtige Welle. Eine sehr Wohltuende, ich gab mich ihr völlig hin. Wolfgang zog meine Hose aus und streichelte meinen Lusthügel, fingerte mich. Seine Finger waren blutig, als sie mich auf Touren brachten. Einige Blutspritzer zierten Wolfgangs Wangenknochen. Das Blut war von der Toten aber es war mir egal. Ich fand es eigenartig, das Gefühl, das in meinen Adern pochte. Eigenartig und zugleich erregend. Unheimlich anregend sogar und aufregend. Dieses Gefühl zwischen Angst und Lust, das sich in meinen Venen vermengte, ist unbeschreiblich. Es kribbelt in dir! Die Lust nach dem Verbotenen! Das Verlangen, es ist pure Lust! Sie schreit in dir und will hinaus! Du willst dich diesem Gefühl mit all deinen Sinnen hingeben. Die Macht der sexuellen Erregung, sie ist unglaublich stark, wenn das Umfeld plötzlich ein ganz anderes ist! Wenn du aus der

Gewohnheit ausbrichst! Warum sollte man Sex immer nur im Bett erleben? Licht aus, Licht an? Wie langweilig, oder? Unter uns lag ein toter Mensch. Zerstückelt. Eine Frauenleiche. Sie wurde ein stiller Betrachter von sexueller Hingabe und Zärtlichkeit. Wolfgang war an diesem Tag zärtlich und einfühlend wie niemals zuvor, seine Hände waren so sanft und fordernd zugleich. Er machte mich wahnsinnig vor Lust, wir vögelten die halbe Nacht lang zwischen den abgetrennten Leichenteilen dieser Frau und gelangten zu ganz wunderbaren Höhepunkten. Mein Körper durchlebte Gefühle, wie ich sie niemals erfahren hatte. Dieses Gefühl blieb unvergessen. Mit jedem weiteren Tag sehnte ich mich nach ihm. Ich wollte sie noch einmal spüren, die höchste Form meiner eigenen Ekstase. Es war wie in einem Rausch. Eine Sucht, das Mögliche unter dem Unmöglichen! Meine geheimsten, sexuellen Fantasien wurden Wirklichkeit! Wahnsinn! So gelangten Wolfgang und ich schließlich immer tiefer in diese grauenvolle Spirale hinein. Wir brauchten die Folter und die damit verbundenen Qualen der Frauen regelrecht wie eine Droge, um uns sexuell in Wallung zu bringen!"
Mechthilds Worte waren für mich unfassbar, jedoch waren sie ehrlich. Ein Bekenntnis der Schuld. Eines, das sehr wahrscheinlich lange überfällig war. Wem hätte sie sich anvertrauen sollen? Ich zweifelte nicht an ihren Worten. Nachvollziehen konnte ich es jedoch nicht, warum Menschen Lust und sexuelle Erregung durch Folter anderer Menschen empfinden können. Mechthild beschrieb mir an diesem Tag sehr detailliert, was mit der Frauenleiche passierte, als Wolfgang sie schlussendlich vollkommen zerkleinert hatte. „Wolfgang sägte jeden einzelnen Knochen so klein, dass wir den Hunden davon

etwas abgeben konnten!“, berichtete sie. Während sie den Tathergang rekonstruierte, lachte sie immer wieder herzhaft. Teilweise sprach die Ironie aus ihrem Lachen. Lachte sie über die Abscheulichkeit ihrer Taten? Lachte sie, weil sie es selbst nicht begreifen konnte, dass sie so etwas Widerliches getan hatte? Mechthild wischte sich eine Träne aus ihren Augenwinkeln. „Die Alte, die hatte es auch nicht besser verdient, als in der Hölle zu schmoren!“, erinnerte sich Mechthild an die Frau, die in dem Horrorhaus in Bossenborn ihr Leben lassen musste. „Habt ihr noch mehr Frauen umgebracht?“, fragte ich neugierig. Ich wollte die ganze Geschichte wissen. Mechthild schüttelte energisch den Kopf. „Wir haben überhaupt niemanden umgebracht!“, rechtfertigte sie sich und ihre Stimmlage nahm einen bedrohlichen Unterton an. So, als hätte ich sie beleidigt und sie müsste sich zur Wehr setzen. „Die verdammte Olle ist unglücklich gefallen! Wir haben nur ihre Spuren verwischt! Wir hätten das doch gar nicht beweisen können, dass sie gestürzt war und sich deshalb das Genick brach! Was hättest du denn gemacht, an unserer Stelle? Die Polizei gerufen?“ Ratlos zuckte ich mit den Schultern. Auf meine ausgefransten Haare fiel mein Blick, die in wenigen Strähnen an meinem Gesicht klebten. Verklebt mit dem Blut aus meiner Nase. Wehleidig überlegte ich, wie lange es wohl dauern würde, bis sie wieder nachgewachsen waren. „Hat dich das sexuell erregt, dass du mir die Haare abgesengt hast?“ Mechthild blickte mich erstaunt an. „Iwo, aber mir gefällt es, wenn ich Menschen Leid zufügen kann! Es tut mir gut! Weißt du, mein Vater kam damals nachts in mein Zimmer und schnitt meine Haare ab. Ich weinte tagelang. Er sagte, er habe sich immer einen Jungen gewünscht und ich hätte seine Träume kaputt gemacht! Dafür müsste ich büßen! Er ließ mich leiden! Qualvoll! Er drangsalierte mich, wo immer er die Gelegenheit fand! Ich habe unter seinem tyrannischen Verhalten gelitten wie ein räudiger Straßenköter! Es ist mir eine Genugtuung, mein Leiden an andere Menschen weiterzugeben!" „Was habt ihr mit den Leichenteilen gemacht? Habt ihr sie den Hunden zum Fraß vorgeworfen?" Ich gab Mechthild keine Gelegenheit, weiterhin in den Erinnerungen ihrer Kindheit zu schwelgen. Wohlmöglich wäre sie wieder auf die Idee gekommen, sich an mir zu vergehen. Mich zu foltern und fertigzumachen, mich zu schlagen oder mich auszupeitschen. Mit Mühe und Not hielt ich mich auf den Beinen. Verlor nicht das Bewusstsein, wie es mir in den letzten Tagen oftmals passiert war. „Die Leichenteile haben wir in den Kamin geworfen!", fuhr Mechthild unbeirrt mit ihren Erzählungen fort. Eiskalt berichtete sie, ohne eine Miene zu verziehen. „Wolfgang konnte sich schlecht von den Brüsten der Frau trennen, die behielt er noch ein paar Tage. Den abgesägten Torso mit den Brüsten der Toten lagerte er in der Waschbox und spritzte ihn zwei Tage lang immer wieder sauber, damit es nicht so stank. Befreite ihn von Blut und Dreck. Er streichelte immer wieder diese Brüste, weil er erforschen wollte, wie lange die Brustwarzen hart blieben, wenn sie bearbeitet wurden. Ich glaube, er hat auch noch an ihnen gesaugt. Jedenfalls habe ich ihn immer wieder im Stall vorgefunden, an den Brüsten dieser zersägten Leiche. Wir haben dann zwei Tage lang mächtig den Kamin gefeuert, und tatsächlich verbrannten ihre sterblichen Überreste, sie zerfielen zu Asche. Einen Abend unternahmen wir einen Dorfspaziergang bei Sonnenuntergang. Wir verstreuten ihre Asche auf den

Feldern. Richtig romantisch war das. Der Toten hätte es bestimmt gut gefallen. Wolfgang meinte, das wäre ein schönes Begräbnis und wenn er einmal sterben würde, dann sollte ich auch ihn verbrennen und seine Asche in unserem Ort verteilen. Aber nur auf den Feldern und im Wald! Die Menschen hier, mit denen käme er nicht klar und er wollte nicht, dass er sein ewiges Leben nach dem Tod im Garten seiner Nachbarn verbringen müsste." Mechthild lachte wieder. „Aber kleinsägen werde ich ihn nicht! Das traue ich mich nicht! Das tue ich nicht! Da muss er sich eine andere Doofe für suchen!" Ihre Worte klangen so kindisch und absurd. „Würde Wolfgang sich wünschen, dass du ihn kleinsägst?" Meine Gedanken fuhren Achterbahn, während ich angstvoll an die Motorsäge dachte. *Vielleicht sägt er mich auch in kleine Stücke, wenn er mit mir fertigt ist?* „Ja! Er würde sich das sehr wünschen! Wir haben oft darüber gesprochen! Wolfgang hat wilde Fantasien, wie es nach seinem Ableben mit den Überresten seines Körpers weitergehen soll! Er möchte mir das gern aufschreiben, damit er sichergehen kann, dass sein Wille geschieht, wenn es so weit sein sollte. Eine Art Anleitung für sein Ableben. „Vielleicht seid ihr bis dahin gar nicht mehr zusammen!", äußerte ich meine Bedenken. „Keine Beziehung hält für immer!" „Ich bleibe bei Wolfgang!" Mechthild wurde energisch, und warf sich in die Brust. „Solange, bis er stirbt! Ich liebe ihn!" *Liebe? Kann das Liebe sein? Eine menschliche Bestie zu lieben? Sie zu begehren? Wobei, Mechthild war in meinen Augen ebenfalls menschlicher Abschaum. Das Allerletzte.*

Kapitel 17

Henkersmahlzeit

Als Wolfgang uns an dem Abend aus dem Stall befreite, führte Mechthild mich zurück zu meinem Kellerverlies. Sie dirigierte mich zunächst quer durch den Stall zurück ins Haus. Als wir am Badezimmer vorbei kamen, verspürte ich den Drang, sie um ein heißes Bad zu bitten. „Könnte ich vielleicht ein Bad nehmen?“, überkam es tatsächlich meinen Lippen. Mechthild blieb stehen und blickte mich entgeistert an. „Ein Bad?“, fragte sie erstaunt. Ohne weiter darüber nachzudenken, ob sie es gestatten würde, schrie sie quer über den Flur durch das ganze Haus: „Wolfgang, darf Maria ein heißes Bad nehmen?“ „Macht, was ihr wollt!“, entgegnete dieser vom anderen Ende des Flurs. Ich atmete auf, das war ja kaum zu glauben! Ich durfte baden! Seit dem vertrauten Gespräch mit Mechthild glaubte ich, es wäre eine gute Gelegenheit, sie um den Gefallen des Badens zu bitten. So sehr sehnte ich mich nach wohltuendem Badewasser. Es schien mir wie eine Henkersmahlzeit zu sein. Mein letzter Wunsch vor meinem Ableben! Noch einmal eintauchen zu können, für ein paar Minuten nur! Der Seele Freiraum gewähren! Alles in mir schrie nach dieser verlockenden Freiheit. „Gut, das Badezimmer gehört dir!“ Mechthild schob mich unsanft durch die Tür, zog sie hinter sich zu und die Geräusche ihrer Schritte verstummten wenig später. Ich konnte mein Glück nicht fassen, das ganze Badezimmer, gehörte mir! Ich war tatsächlich alleine? Ich hätte jubeln können, vor Freude! Das Gefühl war schöner als Weihnachten, Geburtstage und alles Wunderbare auf der Welt zusammen! Das heiße Wasser schmerzte, als ich meine müden Knochen in die

Badewanne ließ. Die aufgeplatzten Wunden meiner Haut brannten wie Feuer, nach einigen Minuten hatte ich mich jedoch an das Gefühl gewöhnt. Es wurde wohliger und ich atmete den Geruch des Lavendelschaumbades tief ein. Es war so wohltuend. Streichelte zärtlich über meine Arme, Beine und berührte sanft meine gefolterten Brüste. Die Striemen der Lederpeitsche zeichneten sich deutlich an ihnen ab. Ich überlegte, was geschehen würde, sollte es mir gelingen, doch noch die Flucht zu ergreifen und ich meine Qualen der Polizei berichten, und ihnen all die Verletzungen zeigen würde. Würde man mir Glauben schenken? Mechthilds Bericht über die Verstümmelung der Frauenleiche, das Zersägen, die anschließende Verbrennung im Kamin. Waren solche Dinge glaubwürdig? Wahrscheinlich nicht. Mich beschäftigte insbesondere die Frage, wer von beiden eigentlich der Haupttäter war? Mechthild wälzte generell alles auf Wolfgang ab. Er habe auch sie angelockt. Er sei es, der das perfide Spiel spiele, sie wäre lediglich eine Mitläuferin! Schenkte ich ihren Ausführungen Glauben? Was spielte es für ein wehrloses Opfer wie mich, für eine Rolle, wer von beiden nun den schlimmeren Part spielte? Hätte ich mich einem von ihnen anvertrauen sollen? Mich auf die Seite von einem von beiden schlagen sollen? Auf Gnade hoffen und um Vergebung winseln? Mechthild hatte erzählt, dass Wolfgang die Frauen gehenließ, wenn sie ihm unterschrieben, dass sie auf eigene Verantwortung und freiwillig den Ort des Schreckens aufgesucht hätten. Dass ihnen nichts geschehen wäre. Hätte ich einen derartigen Wisch unterschrieben? Es war schlimm genug, dass ich über die Antwort dieser Frage nachdenken musste, jedoch was wäre mir lieber gewesen, als meine Freiheit zurückzuerlangen? Ich war mir bewusst, und eindeutig im Klaren darüber, dass ich mein Leben mit jedem weiteren Tag, den ich bei dem Folterpaar verbrachte, aufs Spiel setzte. Ich war bereits am Ende. Psychisch und physisch. Mein Herz schlug einfach weiter. Tick, tack, tick, tack. Bumm, bumm, bumm. Es hielt mich am Leben und meine Körperfunktionen aufrecht, unaufhaltsam. Mein Herz war stark, geprägt von gesunder Lebenserhaltung über all die Jahre hinweg. Ich trank keinen Alkohol, rauchte nicht, ernährte mich gesund. Viel Gemüse, rotes Fleisch, Fisch und wenn es meine Zeit zuließ, unternahm ich Spaziergänge im Wald und erforschte die Natur. Mein Leben war eigentlich perfekt bis darauf, dass ich keinen Mann an meiner Seite hatte. Und keinen Job mehr. Die Liebe, sie fehlte mir besonders. Vielleicht war ich hergekommen, weil ich mich in Wolfgang ein wenig verliebt hatte. Die Hoffnung, dass er sich für mich entscheiden, am Ende meines Aufenthaltes, und er Mechthild verlassen würde, sie schien mir verantwortlich dafür zu sein, dass ich mich überhaupt auf den Weg nach Bossenborn gemacht hatte. All meine Naivität war mir im Laufe der letzten Wochen zum Verhängnis geworden. Es gab keinen Ausweg mehr aus meiner absurden Lage. Selbst wenn es mir gelingen würde, mich aus den Händen meiner Peiniger zu befreien, so wäre ich niemals wieder in der Lage gewesen, ein normales Leben zu führen. War ich doch psychisch bereits stark angeschlagen, bevor ich herkam, so war ich jetzt endgültig zugrundegerichtet worden. Ich musste wohl eingeschlafen sein und träumte wildes Zeug. Von Ratten, sie liefen mit abgetrennten Köpfen durch die Gegend. Frauenleichen. Überall lagen abgesägte Leichenteile herum. Zwischen ihnen küsste ich einen

Mann, sein Gesicht erkannte ich nicht. War es Wolfgang? Nein! Oder doch? Das Küssen war wohltuend, mir gefiel es. Als ich zu mir kam, stand Mechthild vor der Badewanne. Ihre Arme hatte sie in die Hüften gestemmt. Ihr Blick war sehr böse. „Glaubst wohl, du könntest hier schlafen, was?“, fauchte sie giftig. Sofern ich wirklich die Hoffnung in mir trug, Mechthilds Verhältnis zu mir hätte sich freundschaftlich entwickeln können, begrub ich die Vorstellung bei ihrem Anblick ein für alle Mal. Ihre Augen sprühten vor Hass. „Du glaubst, du könntest dir Wolfgang unter den Nagel reißen, was?“, schrie sie aufgebracht. Ich wusste gar nicht, wie mir geschah. Als sie das Badezimmer verlassen hatte, bevor ich in die Wanne stieg, war sie freundlich und nun mutierte sie wieder zu einer wildgewordenen Furie. Was war geschehen? „Nein!“, protestierte ich. *Mechthild kann doch keine Gedanken lesen, oder? Hatte sie gespürt, dass ich anfänglich Sympathie für Wolfgang in mir trug, mich in ihn verliebt hatte, bevor ich herkam, so hätte sie doch spätestens jetzt wissen müssen, dass ich mir nichts sehnlicher wünschte, als dass dieser widerliche Mensch das Zeitliche segnete.* „Er hat mir gesagt, dass er dich attraktiver findet als mich!“ Mechthild wurde immer wütender. Sie kam mir vor wie ein kleines Kind, das mir signalisieren wollte, dass es eifersüchtig war. „Liebst du Wolfgang?“, schrie sie. „Liebst du ihn? Sag schon! Los, sag es mir!“ „Nein!“ „Du lügst! Und weißt du, was man mit Lügner machen muss? Man muss sie bestrafen!“ Sie drückte mein Kopf unter Wasser. Das tat sie mit einer Kraft, die ich ihr niemals zugetraut hätte. Ich strampelte um mein Leben. Sie zog mich wieder heraus und griff in eine Tragetasche, die sie neben der Wanne abgestellt hatte. Weder ihr Hereinkommen ins Bad, noch den

Umstand, dass sie eine Tasche mit Utensilien, welcher Herkunft auch immer, bei sich trug, hatte ich bemerkt. Scheinbar war ich kurz zuvor tief und fest eingeschlafen. Aus der Tasche kramte sie eine Kette hervor. „Keine Widerrede, oder ich erledige das leidige Thema mit dir sofort!“, keifte sie. Ich wusste gar nicht, wie mir geschah. Mechthild legte die Kette um meinen Hals. Sie zog fest zu, so fest, dass ich glaubte zu ersticken. Die Luftzufuhr war völlig unterbrochen. Ich spürte die Röte ins Gesicht steigen. Heftig bäumte sich mein Körper auf, ich riss mit den Händen an der Kette und strampelte. Das Wasser spritzte in alle Richtungen. „Du alte Drecksfotze! Glaubst wohl, du könntest mich an der Nase herumführen!“ Mechthild war außer sich. Gab mir mehrere Schläge auf den Kopf, ins Gesicht und schlug mir auf den Hals. Plötzlich hielt sie eine Bratpfanne in der Hand und schlug mit unglaublicher Gewalt zu. Mir gelang es nicht, den Zug der Kette zu lösen. Aufrichten konnte ich mich nicht, weil ich mit meinem Körper an den glitschigen Badewannenrändern immer wieder abrutschte. Ich gab den Kampf auf. Bevor ich glaubte, dem Tod endgültig zu erliegen, löste Mechthild den Griff. Sie gab mir einen weiteren, heftigen Schlag gegen den Kopf und ich meinte mein Schädel müsste in unzählige Teile zerspringen. Meine Atemfunktion setzte wieder ein, ich japste wie ein elendig verreckender Fisch, den man im allerletzten Moment wieder ins Wasser zurückwarf. „Ach, jetzt sag bloß, das gefällt dir nicht?“ Mechthild lachte bitter. Sie nahm meine letzten Haarbüschel in die Hand und zog an ihm. Drehte meinen Kopf in ihre Richtung, in die Position, dass man hätte sagen können, Auge um Auge, Zahn um Zahn. Meine Nasenlöcher pumpten wie die Nüstern eines

Rennpferdes, das soeben den neuen Streckenrekord gelaufen war. Meine Augen, so weit aufgerissen, dass ich glaubte, die Augäpfel würden platzen oder heraus rollen und direkt ins Badewasser hineinfallen. „Den Wolfgang, den bitte ich immer darum, dass er mich würgt! Das verschafft mir ein ganz neues Lebensgefühl! Das ist ein feines Spiel! Er würgt bis zum letzten Atemzug und dann lässt er mich wieder atmen! Mir gefällt das sehr! Ich möchte das wunderbare Gefühl gern mit dir teilen!" Ich nickte, mir war alles recht, denn ich hatte nichts mehr entgegenzusetzen. Ich japste und schnaufte. Mein Brustkorb hob und senkte sich beeindruckend schnell. Mechthild war einzigartig in ihrer Vorgehensweise, mich zu fesseln mit dieser abartigen Kette, von der ich glaubte, dass einst ein Hund an ihr im Hof gelegen hatte. Sie verband mir Arme, Hände und meinen Hals mit dieser Folterleine. Eingeschnürt wie ein Paket war ich, so lag ich in der Wanne. Sie zog den Stöpsel hinaus, das Wasser war mittlerweile eiskalt, als es gluckernd durch die kleine Öffnung verschwand. Die gefühlte Temperatur um mich herum war mit oder ohne Wasser bitterkalt! Ich fröstelte. Hatte den Drang, den Hahn wieder aufzudrehen, um warmes Wasser nachlaufen zu lassen. Meine Hände waren unbeweglich. Sie lagen unter der Kette, wobei die Handgelenke zwei Mal umwickelt waren. Mich aus der Lage zu befreien war unmöglich! Den Wasserhahn würde ich nicht erreichen. Mechthild kramte ihr Handy aus der Hosentasche und filmte mich. Nahm mit ihrer Kamera auf, wie ich gefesselt in der Wanne lag. „Unser Gast wird die nächsten Tage in der Badewanne schlafen!", sprach sie aufs Band. „Wie lange wollt ihr mich so hier liegenlassen?", fragte ich ängstlich. „Puppe, so lange, bis du wieder bei Besinnung bist!" Mechthild streichelte mir mitleidsvoll über meine Haare. Zur abschließenden Krönung verpasste sie mir einen Kinnhaken. Ich glaubte, sie hätte mir zwei Zähne ausgeschlagen, das Blut schmeckte ich in meinem Mund. Bingo, einer meiner Schneidezähne hatte sein Leben gelassen. Ich spuckte ihn in die Wanne. Er landete auf meinem Oberschenkel. Der Zahnhals war blutig, es schauderte mich. Meine Zähne, mein Heiligtum. „Jetzt bist du wieder hübsch!“, lachte Mechthild sarkastisch. „Ohne Zähne siehst du doch gleich viel besser aus! Passt besser zu deiner Frisur!“, schnäbelte sie. Zynisch, krank, bestialisch und pervers. Andere Begriffe fielen mir nicht ein. Wie sehr wünschte ich, all dies wäre nur ein schlimmer Albtraum, aus dem ich bald erwachen würde. Das hier konnte niemals das reale Leben sein. All diese Dinge waren eindeutig schlimmer als die, die ich jemals in irgendwelchen Zombiefilmen gesehen hatte. Noch nie hatte ich einen Film gesehen, in dem ein Mensch in der Badewanne von einer irren Frau angekettet wurde und dort ausharren musste. „Was ist, wenn ich mal aufs Klo muss?“ Inständig hoffte ich, Mechthild hätte ein Einsehen, wenn ich sie daran erinnerte, dass sie vielleicht meine Fäkalien aus der Wanne entfernen musste, weil sie mich nicht auf die Toilette ließ. „Untersteh dich, in die Badewanne zu kacken!“ Grimmig blickte sie mich an. Ihre Augen sprühten Feuer. „Ich schwöre, dann wirst du deine eigene Scheiße fressen, du dreckiges Nuttenkind!“ Das sich abspielende Szenario und unsere Konversation hatte sie auf dem Handy mitgeschnitten. Zufrieden klappte sie die Handyhülle zu. „Und Klappe die erste!“, schnaufte Mechthild erheitert. „Klappe die erste, sagt man zu Beginn einer Szene!“, korrigierte ich erschöpft, aber belehrend ihre Worte. Für diesen freundlichen Hinweis kassierte ich direkt eine Ohrfeige. Mechthild wurschtelte in ihrer Tüte herum, es knisterte und raschelte. Vielleicht suchte sie nach einem Revolver? Zugetraut hätte ich es ihr, dass sie einen besaß. Vielleicht hätte ich es mir sogar gewünscht, dass sie es endlich beendet hätte. „Ich unterschreibe!“, stammelte ich. „Ich unterschreibe euch, dass ich freiwillig hier war! Ich unterschreibe, dass es sehr schön bei euch ist!“ Missmutig warf mir Mechthild einen Blick zu. „Jaja, das wirst du sogar müssen, wenn wir dich gehen lassen, Schnucki!“ Mechthild schüttelte den Kopf und schnalzte mit der Zunge. Eigentlich hatte ich diese Worte nicht über meine Lippen bringen wollen, dass ich diesen Menschen alles unterschreiben würde. Mein letztes bisschen Stolz und meine Würde, ich wollte sie mir nicht nehmen lassen. Wie tief muss ein Mensch sinken, um sich solch einer Unterwerfung hinzugeben? Welche Pein und Qual muss er ertragen haben? Mechthild verließ das Badezimmer und die nächsten Stunden blieb es still, verdächtig still. Es war stockdunkel, die zeitliche Orientierung hatte ich verloren, denn es gab kein Fenster in dem Badezimmer. Ich glaubte, es wäre Nacht, war mir aber nicht sicher. Als sich die Tür das nächste Mal öffnete, kam Wolfgang herein. Ängstlich erwartete ich, wieder gefoltert zu werden. Getraute mich kaum, zu atmen. Blickte ihn nicht an und verspürte große Sorge, dass er mich gerade dann schlagen würde, wenn er glaubte, ich würde schlafen. Ich hielt die Augen geöffnet. Wolfgang blickte mich an. Sein Blick war ruhig und ausgeglichen. Er machte nicht den Eindruck, als wäre er auf Ärger aus. Er zog die Hose runter und setzte sich auf die Klobrille. Eine Zeitung hatte er mitgebracht. Er erinnerte mich urplötzlich an meinen Vater, der ging auch immer nur mit Zeitung zur

Toilette. Er nannte es „Tiefste Entspannung, beim Kacken Zeitung zu lesen!“ Wolfgang ächzte und gab furzende Geräusche von sich. *Mir war das immer sehr peinlich, wenn ich Stuhlgang verspürte und unterwegs war. In der Stadt, oder sobald ich eine öffentliche Toilette besuchte, kniff ich meinen Schließmuskel zusammen, wenn ich vernahm, dass auf der Toilette neben mir jemand saß und ebenfalls sein Geschäft verrichtete. Ich wollte keine Geräusche von mir geben. Die entweichenden Gase, bevor der Kot kam, waren mir äußerst unangenehm. Ich hielt es stets zurück. Ich konnte kaum glauben, dass Wolfgang sich so ungeniert vor mir die Blöße gab, seinen Geräuschen freien Lauf zu lassen.* „Mechthild ist manchmal eine richtige Furie!“, flüsterte Wolfgang leise. Die furzenden Geräusche übertönten seine Worte, jedoch hatte ich ihn verstanden. „Sie hat schon einige Frauen in der Badewanne angekettet und hier schlafen lassen! Ich darf mich da nicht einmischen, sonst wird sie sehr ungehalten!“ „Aha“, nickte ich traurig. „Ja, sie schlägt auch mich! Sie kann ein richtiges Monster sein!“ Wolfgang sprach sehr leise. So, als habe er Angst, dass Mechthild ihn hören könnte. „Vor ein paar Tagen, bevor du zu uns gekommen bist, hat sie ihren Hund aus dem Auto geschmissen! Aus dem fahrenden Auto heraus!“ Wolfgang biss sich auf die Unterlippe. „Das arme Tier kam sogar noch zurück nach Hause gelaufen! Tiere sind wunderbare Wesen! Man darf ihnen nichts zuleide tun!“ Ich glaubte mich verhört zu haben! Meinen Ohren nicht zu trauen! Wolfgang der Tierliebhaber, wie absurd! „Der Mischling hatte keine Chance! Sie hat ihn zur Strafe, weil er ihr nachlief, später im Stall stranguliert.“ Wolfgang sprach über die Geschehnisse, als würde er eine Einkaufsliste anfertigen.

Melancholisch und gefühlskalt. „Die Anne, die musste auch in der Badewanne schlafen!“, fuhr er fort. „Anne?“ „Ja, meine Frau! Wir haben geheiratet! Ha, das war ein toller Tag! Die Mechthild hat die Hochzeitsfotos gemacht! Sie war unsere Trauzeugin! Sie hat ja ein Talent für Organisation!“ Ich verstand nun gar nichts mehr. Heirat? Trauzeuge? „Mechthild ist doch deine Freundin, wie kannst du denn da eine andere Frau heiraten?“, stöhnte ich. Meine Qualen ließen mir kaum Freiraum, ein vernünftiges Gespräch zu führen. Das Sprechen fiel mir schwer. Meine Glieder schmerzten, mein Finger eiterte, ich glaubte Fieber zu haben, und bereits im Delirium zu liegen, jedoch wollte ich die Angelegenheit klären. Ich mochte es auf den Tod nicht ausstehen, wenn mich Dinge beschäftigten, in die ich keine Linie reinbringen konnte. Das machte mich nervös. Wolfgang hatte die Furzgeräusche mittlerweile eingestellt und ging in die Pressphase über. Stöhnend drückte er die verdaute Nahrung aus seinem Hintern. Sein Gesicht nahm eine rötliche Färbung an. Scheinbar litt er unter Verstopfung. „Ich sollte wieder mehr Rotwein trinken, der ist besser für die Verdauung!“, ächzte er. „Wie kann man denn heiraten und mit einer Freundin zusammenleben?“, japste ich mühsam. Wolfgang drehte sich in meine Richtung. Der erste größere Brocken seines Darminhalts plumpste ins Klo. Dass sich der Stuhlgang in seinem After endlich löste, schien ihn sichtlich zu erleichtern. Sein Gesicht wurde ein wenig freundlicher. „Ich habe der Anne gesagt, Mechthild sei meine Schwester! Sie hat es geglaubt, aber es gab immer nur Ärger mit Mechthild! Deshalb habe ich all diese Annoncen aufgegeben! Ich wollte endlich glücklich werden! Ich war wirklich auf der Suche nach einer neuen Frau! Einer Frau, die mir den Haushalt macht, für mich kocht, Wäsche waschen tut und all sowas!" „Wäsche waschen tut?", hinterfragte ich stutzig. Welch eine Grammatik. Wolfgang litt an einer Lese- und Rechtschreibschwäche, Mechthild hatte es mir gestanden. Zwischendurch sprach er unverständliches, sehr schlechtes Deutsch. Es ließ ihn kindlich wirken, lächerlich erscheinen. Anfangs war mir das gar nicht aufgefallen. „Auf meine Anzeige hat sich Anne gemeldet", sprach er unbeirrt weiter. Ein so hübsches, liebes Mädchen! Und so unschuldig, sie war 10 Jahre jünger als ich. Ich habe sie gleich ins Herz geschlossen! Sie war ganz anders als Mechthild! Lieb, ehrlich, feinfühlig. Sie hat mich auch geliebt, sehr sogar! Aber Mechthild hat uns das Leben zur Hölle gemacht!" „Ihr habt zusammen hier gewohnt? Alle unter einem Dach?" Ich musste lachen. Das war ja nicht zu glauben. Die Geschichten wurden ja immer verrückter. Mich hatte man hergelockt in Tarnung als das Therapeutenpärchen, eine Frau vor mir wurde durch eine Kontaktanzeige Wolfgangs herbeigerufen, und er heiratete sie gleich? „Anne hat bis zum Schluss geglaubt, dass Mechthild meine Schwester sei! Ich wollte ihr nicht sagen, dass ich Mechthild nach der Scheidung nicht aus dem Haus werfen konnte! Moralisch betrachtet habe ich es nicht übers Herz gebracht! Wo sollte sie denn hin? Außerdem hatten wir keinen vernünftigen Ehevertrag. Sie hätte jederzeit Ansprüche an mich stellen können! Deshalb ließ ich sie hier wohnen! Ich wollte aber wieder glücklich werden und sie war damit einverstanden, dass ich mir eine neue Frau suchte. Allerdings kamen Anne und sie überhaupt nicht miteinander klar. Sie hat Anne geschlagen, die Treppe runtergeschubst, ihren Hund in der Badewanne ertränkt! Ich bin immer wieder dazwischen gegangen, aber es half nichts. Eines Tages lag die Anne tot in der Wanne!“ Wolfgang räusperte sich und presste erneut. Es stank fürchterlich, als hätte er verwestes Fleisch gegessen. Wären meine Hände frei zugänglich gewesen, hätte ich mir die Nase zugehalten. Ich glaubte, mir wurde schlecht. Schlecht wegen des Gestanks und schlecht wegen seinen Erzählungen. „Mechthild hat sie fortgeschafft die Anne! Ganz allein! Irgendwie hat sie sie aus der Badewanne bugsiert. Ich glaube, sie hatte sie erschlagen. Mit einem Hammer vielleicht. Ich weiß es nicht genau. Sie sagte, ich sollte nicht an die Gefriertruhe gehen, dort läge sie drin!“ Mich schauderte es. Jedoch wurde ich stutzig. Hatte Mechthild doch erzählt, Wolfgang habe eine Frau mit der Motorsäge zerstückelt. War das gelogen, und Mechthild selbst hatte die Frau kleingesägt? Oder handelte es sich um eine andere Frau, die ebenfalls ihr Leben lassen musste? Wem sollte ich glauben? „Ich hätte ihr so etwas niemals zugetraut!“, jammerte Wolfgang. Seine Stimme wurde fahrig. Er schien Anne tatsächlich zu vermissen. In den Erzählungen über die Erinnerungen an seine Frau klang seine Stimme direkt weinerlich. Wolfgang zog die Spülung. „Nimm dich vor Mechthild in Acht!“, wisperte er leise. Diese Bitterkeit, dieser Hohn, denn ich hatte mich vor beiden Menschen in Acht zu nehmen! Darauf musste mich keiner von ihnen mehr hinweisen! Sollte ich diese Hölle jemals verlassen dürfen, ich würde mich einweisen lassen, in die geschlossene Psychiatrie! Freiwillig, für den Rest meines Lebens!

Kapitel 18

Die Erlösung

Die nächsten beiden Tage wurden grausam. Ich musste dringend meinen Darm entleeren, erinnerte mich jedoch an die Worte von Mechthild. Sollte ich in die Wanne kacken, würde sie mich meine eigene Scheiße essen lassen. „Fressen", hatte sie es genannt. So gut es ging, versuchte ich den Stuhlgang zurückzuhalten. Mechthild und Wolfgang gingen im Bad ein und aus. Sie wuschen ihre Hände am Waschbecken, sie setzten sich ungeniert aufs Klo und verrichteten ihre Geschäfte. Alles vor meinen Augen. Unter die Dusche ging niemand von ihnen. Mechthild reichte mir ein Glas Wasser, hielt es an meine Lippen. „Damit du noch ein paar Tage durchhältst!", maulte sie verärgert. Sie schien ärgerlich darüber zu sein, dass ich in der Wanne lag. Der Umstand regte sie auf. Dass sie ihn hätte ändern können kam ihr wohl nicht in den Sinn, zunächst nicht. Warum sie mich nicht aus der Wanne ließ, dafür fand ich keine Erklärung. „Du wärst besser niemals hergekommen!", fauchte sie zänkisch. *Ja, das hatte ich mir auch so oft in den letzten Tagen, Stunden und Minuten gedacht, aber es ließ sich nicht mehr rückgängig machen, leider!* Mechthild filmte mich immer wieder mit ihrem Handy. Warum sie das tat wusste ich nicht. Während sie mir morgens ein Glas Wasser reichte, und ich glaubte, ihr Herz doch noch erweichen zu können, kehrte sie mittags mit einer Schüssel voll Salz zurück, und streute mir das Dreckszeug in meine Wunden. Über meinen abfaulenden Finger, über meine Striemen auf der Brust und über meinen Rücken, der von den vielen Peitschenschlägen völlig wundgeschlagen war. Ich schrie vor Schmerzen.

Vor Schmerzen, als das Salz mit meinen Wunden in Berührung gelangte. Mein Geschrei nahm sie ebenfalls mit dem Handy auf. Zwischendurch beugte sie sich zu mir in die Wanne und streichelte meine Brüste und faselte dabei lauter verrückte Dinge. Ob ich Kinder haben wollte. „Dann sind deine Brüste nicht mehr so schön straff!“, lachte sie dreckig. „Ich war auch mal schwanger! Die Missgeburt habe ich wegmachen lassen! Zuerst habe ich es selbst versucht! Mit einer Häkelnadel wollte ich den Bastard ausweiden! Ihn zerstückeln! Ja, ich bin ganz tief rein in meine Pussy! Das tat richtig weh! Aber der Bastard wollte nicht rauskommen! Das war ein hartnäckiges Teufelskind, sage ich dir! Ich habe hier in der Badewanne gelegen. Genau wie du und immer rein, rein mit der Nadel! Schön kräftig zustechen! So ein kleines Würmchen musste doch zu töten sein, dachte ich bei mir! Aber ich sage dir, Maria, einen Hund zu ertränken ist einfacher, als einen Embryo mit der Häkelnadel abzustechen!“ Mechthild lachte wie eine alte Hexe. Mir war nicht klar, ob ich die Worte in ihrer grausamen Wahrheit tatsächlich vernommen hatte, oder ob ich bereits zu weit im Delirium lag. In den Abendstunden fantasierte und fieberte ich scheinbar. Mechthild brauste mich mit kaltem Wasser ab. „Du solltest zurück in den Keller! Besser, du stirbst dort, als in unserer Badewanne!“ Wolfgang kam herbeigeeilt. Nachdem Mechthild meine Ketten löste, wuchtete er meinen dürren Körper aus der Wanne. Er trug mich über den Flur und zur Kellertreppe. Stieg stöhnend mit, mir über dem Rücken hängend, hinunter. Ins dunkle Nichts. „Nichts als Ärger!“, dröhnten seine herzlosen Worte in meinen Ohren. Er legte mich unsanft auf die dreckige Matratze nieder und warf lieblos eine Decke über mich.

„Da! Hast du Essen und Wasser!“ Er deutete neben die Matratze. Ich erkannte verschwommen eine Mineralwasserflasche und einen Laib Brot. Es interessierte mich jedoch nicht mehr. Ich verspürte weder Hunger noch Durst. Nahm es billigend zur Kenntnis, dass man mir die Möglichkeit des Essens und Trinkens gab und fiel beinahe in einen komaähnlichen Zustand. Davon, dass Wolfgang mich in den späteren Abendstunden noch einmal vergewaltigte, davon spürte ich bereits nichts mehr. Mein Zustand verhieß den bevorstehenden Tod. Wolfgang spürte diesen Umstand. Nachdem er sich an mir verging, besprach er mit Mechthild, dass es besser wäre, mich nach Hause zurückzubringen. Nachdem ich ihm das Schreiben unterzeichnet hätte, wollte er sich auf den Weg machen. Seine Angst, ins Gefängnis zu wandern, rief ihn zur Vernunft. Eine weitere Leiche zu zerstückeln, und sie verschwinden zu lassen, hielt er für indiskutabel. Mein Tagebuch glänzte im schwachen Licht, das durch das kleine Kellerfenster schien. Die hübschen Blumen auf dem Cover waren verdreckt. Jedoch hatten sie ihre Wirkung noch nicht verloren. Die Wirkung des Liebevollen. In den dunklen Stunden, die ich bei Bewusstsein in meinem Gefängnis verbracht hatte, hatte ich hin und wieder einige Zeilen zu Papier gebracht. Nur in den letzten Tagen war es mir nicht mehr möglich gewesen, durch meinen geschwächten, körperlichen Zustand, die noch leeren Seiten mit den grausamen Geschehnissen zu füllen. Dem Tode nahe, war ich erleichtert, dass das Grauen ein Ende gefunden hatte, als Wolfgang mich den nächsten Tag aus dem Keller in seine gute Stube schleppte. Mit den Worten, man würde mich nach Hause bringen. Mechthild bequemte sich, mir etwas überzuziehen. Einen Pullover und eine viel zu weite Jogginghose. Mechthild war viel dicker als ich und ihre Hosen rutschten mir am Hintern herunter. Mein Körper glich einem einzigen Knochengerüst. Es tat nichts mehr zur Sache. Mechthild drückte mir einen Stift in die Hand. „Da! Nur deine Unterschrift! Dann bist du frei!“ Mit zittriger Hand nahm ich ihn und kritzelte etwas, das meinem Namen glich, auf ein Din A 4 Blatt. Lesen konnte ich das, was ich unterschrieb, nicht mehr. Zu entkräftet war ich. Wolfgang griff wortlos meine Beine, legte einen meiner Arme um seine Schulter und hob mich von der Couch. Auf dem Weg zur Garage brummelte er unverständliche Worte. Innerlich war ich friedlich. Dem Tod sah ich gelassen entgegen. Ich hatte keine Angst, sondern fühlte den Frieden in mir. Mein Leiden, meine Schmerzen und Qualen waren vergessen. Das Auto stand zur Feier des Tages außerhalb der Garage, auf dem Innenhof. Die Sonne schien an diesem Tag von einem strahlend blauen Himmel. Die Luft war kühl und schmeckte nach Frühjahr. An Blumen dachte ich. Eine herrliche Blumenwiese an einem herrlichen Frühjahrstag. Ich blinzelte in die Strahlen des gelben Sonnenballs, der mich anlächelte. Ich würde nach Hause gehen. Ein unbeschreibliches Gefühl, ich fühlte mich wunderbar. Unbeschwert und losgelassen von allem Übel dieser grausamen Welt. Die Krähen, da waren sie. Sie saßen auf der Stromleitung und warteten auf meine Heimkehr. Wie wundervoll! Meine Mutter hatte doch Recht behalten…

Endlich war ich frei…

In Gedenken an die Opfer und Angehörigen der Hölle von B.

27362503R00090

Printed in Poland
by Amazon Fulfillment
Poland Sp. z o.o., Wrocław